Nasci para isso

CHRIS GUILLEBEAU

Nasci para isso
Como encontrar o trabalho da sua vida

TRADUÇÃO
Donaldson M. Garschagen

Copyright © 2016 by Chris Guillebeau

Todos os direitos reservados.

Tradução publicada mediante acordo com Crown Business, um selo de Crown Publishing Group, uma divisão da Penguin Random House LLC.

A Portfolio-Penguin é uma divisão da Editora Schwarcz S.A.

PORTFOLIO and the pictorial representation of the javelin thrower are trademarks of Penguin Group (USA) Inc. and are used under license. PENGUIN is a trademark of Penguin Books Limited and is used under license.

Grafia atualizada segundo o Acordo Ortográfico da Língua Portuguesa de 1990, que entrou em vigor no Brasil em 2009.

TÍTULO ORIGINAL Born for This: How to Find the Work You Were Meant to Do
CAPA E ILUSTRAÇÕES DE CAPA Eduardo Foresti
PROJETO GRÁFICO Tamires Cordeiro
ILUSTRAÇÕES DE MIOLO Doug Neill (www.dougneill.com)
IMAGEM DA P. 248 Fred Haynes
PREPARAÇÃO Alexandre Boide
ÍNDICE REMISSIVO Probo Poletti
REVISÃO Márcia Moura e Carmen T. S. Costa

Dados Internacionais de Catalogação na Publicação (CIP)
(Câmara Brasileira do Livro, SP, Brasil)

Guillebeau, Chris
    Nasci para isso : como encontrar o trabalho da sua vida / Chris Guillebeau ; tradução Donaldson M. Garschagen. — 1ª ed. — São Paulo : Portfolio-Penguin, 2017.

    Título original: Born for This : How to Find the Work You Were Meant to Do.
    ISBN 978-85-8285-058-9

    1. Carreira profissional – Desenvolvimento 2. Carreira profissional – Mudanças 3. Empreendedorismo 4. Orientação vocacional 5. Qualidade de vida no trabalho 6. Satisfação no trabalho I. Título.

17-05952   CDD-650.14

Índice para catálogo sistemático:
1. Carreira profissional : Sucesso : Administração 650.14

[2017]
Todos os direitos desta edição reservados à
EDITORA SCHWARCZ S.A.
Rua Bandeira Paulista, 702, cj. 32
04532-002 — São Paulo — SP
Telefone: (11) 3707-3500
www.portfolio-penguin.com.br
atendimentoaoleitor@portfolio-penguin.com.br

Para Kenneth L. B. Dauer, irmão e amigo

SUMÁRIO

PLANO DE ATAQUE

1. Jogue fora o roteiro 17
2. Seu dinheiro e sua vida 31
3. Aposte sempre em você 59
4. Rompa as barreiras 75
5. A resposta em sua caixa de entrada 95
6. A lição de vida de Jay-Z 113

PRÓXIMOS PASSOS: UMA LISTA DE OPÇÕES

7. Atividade paralela 131
8. Você S.A. 159
9. Como se tornar um bombeiro (ou o que você quiser) 177
10. O empregado de si mesmo 197
11. A estrela do rock que põe a mão na massa 217
12. Como fazer tudo o que você quer 235
13. Os vencedores desistem o tempo todo 257

Apêndice 1: Caixa de ferramentas   271
Apêndice 2: "É assim que vou fazer vocês ganharem muito dinheiro" (e-mail de prospecção)   275
Apêndice 3: Nunca perca no jogo da velha (lição bônus!)   277

Índice remissivo   279

PLANO DE ATAQUE

Uma manchete do *Onion* anunciava: "Homem convence a si mesmo de que tem o emprego dos seus sonhos". O ofício, como seria de esperar em um jornal satírico, é desanimador e tedioso. Contudo, como o homem não vê alternativa, decide que gosta muito do que faz. "É maravilhoso que eu esteja aqui amarrado e sem perspectiva de futuro", diz ele.

As melhores sátiras, de um jeito ou de outro, sempre têm relação com a vida real. Muita gente está mesmo presa a empregos chatos, sem nenhum plano de fuga à vista. Se você se considera amarrado e sem perspectiva de futuro, há duas opções óbvias: se conformar ou se adaptar.

No primeiro cenário, você aceita que não tem como escapar e continua trabalhando em um emprego chato que acaba com a sua alegria de viver. Vai passar um terço da vida fazendo uma coisa de que não gosta, mas decide não tomar nenhuma atitude para mudar a situação. Essa primeira conjuntura não é tão rara — muita gente faz isso. São pessoas que não veem alternativa e, por isso, se desligam emocionalmente do trabalho, tentando encontrar significado e realização em outra coisa.

No segundo cenário, você opta por uma vida simples, com um

trabalho que atenda a suas necessidades básicas sem ocupar todo o seu tempo. Você não gosta do ofício, mas tudo bem, porque existem outras coisas que aprecia. Ou pode ser que o tipo de atividade de que goste não compense tanto em termos financeiros, mas você aceita esse sacrifício em nome de outro tipo de recompensa.

Em linhas gerais, não há nada de errado nessas escolhas, mas nenhuma delas é muito empolgante. E se você não quiser se conformar? E se quiser encontrar uma profissão de que gosta de verdade, mas *não quiser* comer miojo todas as noites? Por que não é possível ter tudo?

Felizmente, é possível. Como veremos ao longo deste livro, algumas pessoas conseguem encontrar esse tipo de trabalho. Elas ganharam na loteria da carreira — e os resultados não foram determinados apenas pelo acaso. Por mérito próprio ou, como é mais provável, como resultado de tentativas e erros, elas encontraram a ocupação para a qual foram feitas — e isso faz toda a diferença.

Este livro vai ajudar você a também descobrir isso. Caso não queira escolher entre as duas opções indesejáveis, apresento aqui uma terceira via.

Nasci para isso é composto de duas partes principais. Na primeira, você aprenderá uma série de lições que vão lhe ajudar a descobrir o que quer e como consegui-lo. Na segunda, vai explorar um menu de opções pensadas para ajudar a pôr em prática essas lições, usando diversas táticas e estratégias.

Tudo o que você vai aprender em ambas as partes se baseia na prática. Nem tudo se aplicará ao seu caso, mas tudo bem — é um livro grande. Escolha o que lhe interessa e se concentre naquilo que mais se aproxima de seus objetivos.

Este livro também vai questionar muitas das crenças arraigadas sobre o modo como vivemos e trabalhamos. Como você verá, algumas dessas suposições convencionais sobre qual deveria ser a profissão dos sonhos são mal direcionadas ou simplesmente erradas. Por sorte, existe uma alternativa melhor, um caminho que conduzirá você ao trabalho da sua vida. Este livro vai ajudar você a encontrar o seu.

Termos de compromisso

Como nosso objetivo é mudar o mundo juntos, este livro traz algumas frases e expressões que talvez você nunca tenha visto. Aí vai um guia rápido para algumas delas:

- *Arte da fuga*: saber abandonar um emprego ou uma situação que não atende a suas necessidades.
- *Reinicialização periódica*: a ideia de mudar de vida e de trabalho de tempos em tempos.
- *Fluxo*: sensação de completude proporcionada por trabalhar fazendo o que gosta.
- *Atividade paralela*: meio de ganhar dinheiro além do emprego.
- *Ativo digital*: projeto rentável que só existe na internet.
- *Veio de ouro*: oportunidade de curto prazo de ganhar muito dinheiro.
- *Profissão guarda-chuva*: uma ocupação que engloba muitos trabalhos ou funções, todos subordinados a um contexto unificador.

Espero que, ao fim deste livro, esses conceitos — e muitos outros que você vai descobrir durante a leitura — possam lhe proporcionar não só um novo vocabulário, mas também uma maneira inteiramente nova de encarar sua vida e seu trabalho.

Objetivos da missão

Este livro não vai lhe dizer para largar seu emprego e começar a trabalhar por conta própria (já escrevi um livro desse tipo antes). Não existe um "modelo único" para a profissão dos sonhos, e nem todo mundo quer trabalhar apenas por conta própria.

Mesmo que você receba um salário e não tenha intenção de montar um negócio, é importante entender que de qualquer modo estará sempre, na prática, trabalhando por conta própria. Ninguém vai cuidar de seus interesses melhor que você, portanto é preciso tomar decisões ativamente e assumir tanto quanto possível a responsabilidade por seu sucesso. Este livro vai ensinar você a ter iniciativa em ambos os aspectos. Mesmo que não tenha a menor vontade de montar seu próprio negócio e não veja nenhum problema em trabalhar para um empregador convencional, existem muitas táticas e estratégias capazes de transformar seu emprego no trabalho para o qual você nasceu.

Por último, tenha em mente que este livro é voltado para a ação. Você vai aprender por que é importante fazer certas coisas, mas também pode começar a usar várias ferramentas desde já. Se tiver pressa, a seguir há algumas indicações para planos de ação imediatos. Para melhores resultados, no entanto, não deixe de conhecer o modelo Alegria-Dinheiro-Fluxo, que começa na página 40. Vamos mencioná-lo ao longo do livro todo.

- Ganhe mais dinheiro: páginas 153-4.
- Domine o jogo da caça ao emprego: páginas 189-91.
- Resolva dilemas profissionais: páginas 115-7.
- Extraia o máximo de seu atual emprego: páginas 201-6.
- Saia de seu emprego mantendo boas relações: página 71.
- Negocie um salário melhor ou benefícios: páginas 208-10.
- Transforme uma atividade paralela num trabalho de tempo integral: páginas 160-2.
- Seja um chefe melhor que todos aqueles que já teve: páginas 75-8.
- Construa uma carreira em torno de uma variedade de aptidões, paixões e interesses: páginas 249-51.

Muitas outras estratégias e iniciativas como essas são apresentadas ao longo dos treze próximos capítulos. O objetivo de todas elas, cada uma a seu modo, é ajudar a produzir grandes mudanças e importantes avanços em sua carreira.

Se chegou até aqui, acredito que você não queira ficar parado nem se conformar com o sofrimento. Vamos trabalhar juntos para encontrar uma coisa *muito* melhor.

"Durante muito tempo, achei que tinha
de encontrar uma paixão. Agora sei que
uma paixão não se descobre: se cria. Mas
a maioria das pessoas jamais dedica
o esforço necessário para ficar tão boa numa
coisa a ponto de chegar a gostar muito dela.
Acho que o mito da paixão é a principal
razão para que meus amigos estejam
infelizes com seus empregos."

*Melodie, 25 anos, arquiteta de sistemas
e processos*

CAPÍTULO 1

Jogue fora o roteiro

OBJETIVO: Encontrar o bilhete premiado na loteria da carreira

Existe mais de um caminho possível para uma carreira de sucesso, mas a intenção é encontrar o melhor — aquele para o qual você nasceu. Ou seja, ganhar na loteria da carreira e descobrir um emprego ou uma vocação que não pareça trabalho. Atingir esse objetivo exige uma mudança de mentalidade, de estratégia e de ação.

Se você ganhasse na loteria amanhã, em que sua vida seria diferente?

Algumas pessoas iriam direto para uma concessionária de automóveis de luxo e voltariam para casa num brinquedinho novo e reluzente, prontas para planejar umas férias no Caribe.

Outras saldariam suas dívidas e investiriam o restante para ter um futuro garantido.

Outras ainda dariam de ombros e doariam o dinheiro a obras de caridade.

No que diz respeito a empregos e carreiras, os diversos integrantes de nosso grupo hipotético de ganhadores da loteria provavelmente teriam reações diferentes. Algumas pessoas abandonariam tudo de imediato, desaparecendo sem dar notícias. Outras usariam a experiência para refletir sobre o que gostariam *mesmo* de fazer e depois agiriam com a segurança de ter todo o dinheiro necessário para arriscar correr atrás de seu sonho — seja abrir uma loja de surfe em Bora Bora, fundar uma ONG na África subsaariana ou ter uma empresa de tecnologia.

Algumas pessoas, talvez as mais sortudas, pegariam o prêmio e diriam: "Sabe como é, esse dinheiro é ótimo, mas gosto do que faço. Talvez tire férias na praia, talvez compre o carro que sempre quis, mas vou usá-lo para voltar ao escritório depois de uma semana de banhos de sol".

Caso você esteja se perguntando, nenhuma dessas é a "resposta certa". Quando alguém ganha na loteria, pode fazer o que quiser com o dinheiro. E, mesmo que você adore seu trabalho, ganhar na loteria provavelmente vai permitir uma reavaliação completa. Você gosta de seu emprego a ponto de continuar trabalhando mesmo que não precisasse do dinheiro?

O trabalho não é tudo na vida, mas passamos grande parte dela trabalhando. Para certas pessoas, a carreira é mesmo tudo. Elas se dedicam às funções que desempenham como se aquilo fosse o melhor a fazer com sua vida — como se tivessem nascido para desempenhar determinado papel. Se alguma vez você trabalhou numa coisa que lhe desse muito prazer — e ainda por cima foi pago para isso —, sabe do que estou falando. E, se nunca sentiu na pele essa alegria profissional, deve tê-la observado em outras pessoas.

Já lhe aconteceu de encontrar um amigo de infância de quem você não tinha notícias fazia muitos anos? Talvez vocês tenham se encontrado numa rede social ou se cruzado por acaso num café. Seja como for, você fica sabendo o que essa pessoa fez nos últimos dez ou vinte anos e percebe que faz todo sentido. *É claro* que ela é advogada — sempre se mostrou inquisitiva e detalhista. *É claro* que ele se tornou professor — afinal, é muito paciente e metódico.

Estes são os ganhadores da loteria da carreira: pessoas que descobriram o que nasceram para fazer. São mais felizes por isso — e provavelmente mais bem-sucedidas também.

Seja como for, esses sortudos na prática ganharam um bilhete premiado para o mundo do trabalho. Este é o objetivo de todos nós: encontrar um trabalho que pareça diversão, ainda que também tenha propósito *e* garanta um bom salário.

Ganhar zilhões na loteria seria muito bom, mas descobrir para o que você nasceu é muito mais importante. Este livro vai ajudar você a ganhar num outro tipo de loteria — não dessas em que alguém bate à sua porta com um cheque enorme, para ser gasto na concessionária de automóveis ou na loja da Prada mais próxima.

É bem melhor.

"O que você faz da vida?"

Essa é uma pergunta que você deve ter ouvido mil vezes, em festas, em confraternizações profissionais, na escolinha de futebol de seu filho ou em qualquer outro lugar. A depender do que esteja acontecendo em sua vida naquele momento, a pergunta pode provocar entusiasmo, medo ou alguma coisa entre esses dois extremos.

A pergunta, claro, é: "O que você faz?". Nessas situações, as pessoas normalmente querem dizer: "Em que você trabalha?". Enquanto escrevia este livro, fiz esse questionamento a centenas de pessoas. Aqui estão algumas das respostas, de forma resumida:

O acupunturista: "Ajudo pessoas com problemas de saúde que a medicina convencional é incapaz de explicar ou curar, além daquelas que buscam uma abordagem mais natural da saúde e do bem-estar".

O moderninho que trabalha com internet: "Enxugo gelo o dia inteiro. Em resumo, faço de tudo, desde seminários para empresários a assessoria de imprensa, de planejamento de festas a busca de patrocínios para eventos, de palestras sobre gerenciamento de comunidades a luta contra a 'trolagem'".

O ceramista: "Digo a todo mundo que estou aposentado. Depois de trabalhar para um patrão durante tantos anos, me sinto de verdade como se estivesse aposentado. Não se engane — na verdade agora trabalho mais do que nunca, mas adoro o que faço, portanto só 20% da atividade parece trabalho, como a parte do marketing e da contabilidade".

O nômade: "Ainda não tenho uma resposta definida. Às vezes digo que sou escritor. Outras, que sou cineasta. Se estiver me sentindo mais ousado, posso dizer que moro num trailer e estou sempre viajando, e deixar por isso mesmo".

As respostas a "O que você faz?" podem ser muito mais diversas e interessantes do que a maior parte das pessoas imagina, principalmente quando vão além das definições vagas, como "Sou professor" ou "Trabalho numa revista". Contudo, ainda mais interessantes do que as respostas a "O que você faz?" seriam as respostas à quase nunca formulada pergunta sobre o que levou a essa escolha. Afinal, com todas as infinitas possibilidades de carreira e opções, como é que as pessoas encontram aquela para a qual nasceram?

"Como você chegou lá?"

Deve haver uns poucos super-humanos que desde os cinco anos sabem exatamente o que querem ser quando crescerem e como conseguir isso. Mas, para o resto das pessoas, quase nunca é fácil. Empregos e profissões não caem do céu, cabendo a nós agarrá-los e aceitá-los como a escolha ideal para nossa vida.

Trocando em miúdos, o processo de descoberta se desenrola de formas diversas, variando de pessoa para pessoa. À medida que avança numa carreira (ou numa série de carreiras), muita gente tem numerosas experiências profissionais que as levam da frustração ao deslumbramento. Podemos aprender alguma coisa com qualquer trabalho, claro, mas na maior parte do tempo aprendemos tanto sobre o que não queremos como sobre o que queremos.

Perguntei a centenas de pessoas que tinham encontrado o trabalho para o qual "tinham nascido" sobre os caminhos tomados para se tornar acupunturista, funcionário público, professor ou seja qual for sua profissão atual, e um determinado aspecto permeava todas as respostas: a procura leva tempo e esforço, o caminho tem uma porção de voltas e reviravoltas, mas todas elas continuaram remando na mesma direção. Essas pessoas acreditavam no objetivo e, quando surgiam obstáculos, encontravam meios de contorná-los.

Talvez você conheça o clássico "The Road Not Taken" [O caminho não tomado], do poeta Robert Frost. O poema trata da chegada ao ponto em que um caminho se bifurca e é preciso escolher uma direção. No fim, o eu-lírico prefere "a estrada menos trilhada", e ficamos sabendo que isso "fez toda a diferença". Grande poema! Mas adivinhe: talvez a escolha da estrada não tenha tanta importância afinal. Porque, na vida real, há muitos caminhos que podem nos levar ao emprego ou à profissão que equivale a ganhar na loteria.

E se "The Road Not Taken" tivesse uma continuação, escrita como se o poeta voltasse no tempo e fizesse a outra escolha? Provavelmente não seria tão poética: "Ei, gente, voltei àquela estrada que antes tinha desprezado. No fim, acabei chegando aonde queria de qualquer forma! Qualquer escolha teria sido certa".

O ganhador do prêmio Pulitzer é Frost, não eu — mas a questão é que, quando se trata de fazer escolhas na vida, existe de fato mais de um caminho.

Não só é certo que existe mais de um caminho a tomar na vida como também que é possível ser feliz de muitas maneiras. Mesmo assim, alguns caminhos são melhores que outros. Com certeza você poderia ser feliz em muitas situações — mas será que não poderia ser *ainda mais feliz* fazendo certas coisas e não outras?

E, caso seja verdade que alguns caminhos são melhores que outros, então é muito provável que exista um caminho superior a todos. Deve haver, em algum lugar, uma opção perfeita que gere um sentimento de total realização e satisfação, resultado de acordar todos os dias sabendo que estamos sendo pagos para fazer aquilo que adoramos.

É por isso que o objetivo deste livro não é apenas felicidade: é encontrar o trabalho para o qual *você* nasceu.

Entre para o circo

Vamos supor que seu sonho seja fazer parte de um circo. Talvez você sempre tenha gostado de palhaços ("Como é que todos eles entram naquele carro minúsculo?"), ou talvez preferisse aprender a andar na corda bamba no quintal em vez de fazer o dever de casa. Ótimo. Então quais seriam seus próximos passos?

Seu questionamento provavelmente começa com algum tipo de pesquisa. Você pode visitar um circo itinerante e pedir para falar com o encarregado das contratações. Pode entrar na internet e procurar um emprego no circo. De alguma forma você obtém mais informações sobre as qualificações exigidas (ter jeito com animais), condições de trabalho (nunca um instante de tédio), salário (o bastante para viver, mas não passa disso), benefícios (amendoim grátis) e o processo de contratação.

Em pouco tempo você consegue marcar uma entrevista para o cargo de treinador de elefantes e fica com o emprego. Parabéns! Você se dirige à tenda do elefante para começar sua primeira tarefa, cheio de alegria e esperança. No entanto, depois de poucas semanas, você percebe que trabalhar no circo não tem tanta graça. A parte de começar uma vida itinerante foi divertida; limpar cocô de elefante, nem tanto. Você ficou sabendo do que gostou e do que não gostou.

Então você segue em frente, muda de função e vai trabalhar na bilheteria. De início, gosta das novas responsabilidades e de ficar livre do cocô. Mas logo descobre que vender ingressos não só é tedioso como exige que você trabalhe várias noites por semana e todos os fins de semana. Então você decide abandonar o circo e fazer o que seus pais tinham sugerido de início: arrumar um emprego convencional de escritório, vendendo espaço para anúncios publicitários.

Mas — e isso provavelmente não foi uma surpresa — você também não serve para trabalhar numa grande empresa. Fica contando os dias que faltam para a sexta-feira, até que se reúne com um cliente que gerencia uma linha de roupas para butiques. Uma lâmpada se acende em sua cabeça. Enfim, você descobre que estampar camisetas com temas circenses é o trabalho para o qual "você nasceu".

Esse é um exemplo muito simplificado, mas a questão é que, quando você entra no mercado de trabalho, é possível que ainda não saiba ao certo o que quer, pelo menos não logo de cara — e isso é normal. Essa busca exige tempo e experiência, e provavelmente haverá reveses pelo caminho. A descoberta do trabalho feito sob medida para você quase nunca acontece percorrendo um caminho linear: é um processo exploratório com muitas pequenas reviravoltas que por fim vai levar você ao lugar ideal.

O bilhete premiado

Vamos voltar a nosso grupo de ganhadores da loteria. Como foi que eles tiveram tanta sorte? Será que tudo aconteceu por acaso, ou eles tomaram decisões acertadas pelo caminho que os levaram ao aparente golpe de sorte?

A primeira coisa a observar é que, no improvável plano de aposentadoria conhecido como loteria, é preciso participar para ganhar. Sem um bilhete, suas chances de sucesso são nulas.

Além disso, não basta comprar o bilhete — o ganhador da loteria precisa tomar pelo menos algumas atitudes. Se você tem o bilhete premiado, mas nunca verifica os números contemplados, a iniciativa de participar do sorteio não faz sentido.

Por fim, ele tem de se apresentar como ganhador, assinar todos os formulários de identificação, concordar em pagar os impostos exigidos e posar para uma foto ridícula segurando um cheque gigantesco.

Essas medidas podem parecer simples, mas todos os anos prêmios milionários (dinheiro de verdade!) deixam de ser reivindicados. Mesmo os ganhadores de loteria determinados apenas pela sorte precisam fazer escolhas do tipo tudo ou nada para garantir o recebimento do prêmio.

Agora uma boa notícia: embora seja quase impossível ganhar na loteria propriamente dita, *a loteria da carreira não funciona assim.* Isso é muito importante! Se a loteria real for bem administrada, não há como trapacear. Você ganha ou perde — e a maioria perde, claro — segundo as leis das probabilidades e outras variáveis que não temos como controlar.

Na loteria da carreira, no entanto, você tem muita influência sobre os resultados — as atitudes que tomar agora afetarão diretamente as oportunidades que vão se apresentar no futuro. Por isso é tão importante tomar as decisões certas. O planejamento estratégico aumenta muito as chances de sucesso.

Em resumo, precisamos ter sorte — o tipo de sorte que depende de nós, ao menos —, mas também precisamos tomar as decisões certas no caminho.

O CAMINHO PARA GANHAR NA LOTERIA
Decisões: faça as escolhas certas
Sorte: faça a sua aumentar sempre que possível

Nosso objetivo: jogue fora o roteiro

Conscientemente ou não, muita gente costuma escolher seus caminhos na vida de acordo com um roteiro prévio. Neste caso, "roteiro" significa qualquer expectativa ou suposição sobre como devemos agir. Por outro lado, no trabalho ou na sociedade em geral, alguns roteiros e regras são importantes para a coesão social. Por exemplo, seja qual for sua posição política, a maior parte das pessoas paga impostos porque sabe que os bens e serviços públicos custam dinheiro e porque não quer ir para a cadeia. Esse é um bom roteiro a seguir, de modo geral.

No entanto, muitos outros roteiros e normas continuam existindo apenas por tradição, ou para manter a estrutura de poder existente. Pior ainda, alguns existem por razões impenetráveis. E, no que diz respeito a profissões, os roteiros sociais podem ser especialmente nocivos — você pode ser levado a desistir do tipo de ação e pensamento necessários para encontrar o emprego ou a carreira dos sonhos. Por exemplo:

Roteiro nº 1: Cargos de início de carreira levam a cargos administrativos menores, que levam a altos cargos administrativos (às vezes sem levar em conta a capacidade dos empregados em questão), de modo que seu objetivo deve ser abrir caminho para o conselho diretor ou para uma sala espaçosa com janelas.

Roteiro nº 2: Todo mundo tem um "nicho profissional" no qual deve se encaixar — e, quando encontrar o seu, não se preocupe em tentar expandi-lo ou em se desvencilhar dele explorando novas oportunidades, aptidões ou funções.

Roteiro nº 3: Se uma oportunidade profissional — qualquer que seja — cruza seu caminho, agarre-a. Uma chance como essa provavelmente só aparece uma vez na vida, então não a desperdice.

Roteiro nº 4: Todo mundo deveria trabalhar de 35 a quarenta horas por semana num escritório, em geral nos mesmos dias e horários (embora as pesquisas mostrem que esse é um esquema improdutivo para a maior parte das pessoas).

Roteiros desse tipo, além de outros que restringem as possibilidades de caminhos que você pode tomar ou os resultados que pode conseguir, são, no melhor dos casos, mal direcionados. Outras vezes, são simplesmente errados.

Ao longo deste livro, vou mostrar como você pode chegar a resultados muito melhores "jogando fora o roteiro" e assumindo uma atitude oposta a tudo o que já ouviu antes. Dispensando um roteiro, você atualiza, reorganiza ou, em alguns casos, vira do avesso a opinião tradicional sobre a vida profissional. Analise as seguintes alternativas:

Roteiro revisto nº 1: Não pense como um CEO

Blogs e revistas estão cheios de conselhos do tipo "invista como Warren Buffett" ou "administre como Steve Jobs". Se você tiver 1 bilhão de dólares dando sopa, Warren é o cara indicado para aconselhá-lo. Para todos os demais, seria o primeiro a dizer que você teria melhor rendimento investindo num fundo de renda fixa e deixando seu dinheiro crescer sozinho. Da mesma forma, segundo muitos testemunhos, Steve Jobs foi um designer brilhante — e um administrador implacável que dava mais valor aos produtos do que às pessoas, deixando muitas vezes seus funcionários morrendo de medo. Isso é o que você quer como modelo profissional?

Como a maior parte das pessoas não é Warren nem Steve, não podemos simplesmente aplicar as mesmas táticas e esperar resultados semelhantes. Precisamos pensar por nós mesmos e encontrar nossas próprias táticas. O melhor seria imitar o cara que tem uma sala um pouco menor no escritório, que ama o que faz, se dá bem com todo mundo e tem uma vida de verdade além do trabalho.

Roteiro revisto nº 2: Não "encontre um nicho"; leve uma vida plena

Em algum momento da vida, você deve ter ouvido este terrível conselho: escolha um nicho. Na imensa maioria dos trabalhos, porém, a especialização é superestimada. Algumas pessoas até encontram um nicho, concentrando-se numa especialização em detrimento de todas as demais. Muitas outras, no entanto, se destacam em ambientes que valorizam um conjunto mais complexo de qualificações, talentos e interesses. Se algum dia você se deparar com uma escolha entre duas possibilidades indesejáveis e disser "Fico com a porta número três", já saberá que há outro caminho.

Mais uma vez, o objetivo é encontrar o melhor para você, e não escolher entre opções óbvias listadas por outras pessoas.

Roteiro revisto nº 3: Se perder uma oportunidade, haverá outras

Muita gente tem pavor de fazer a escolha profissional errada. Temos uma tendência a nos prender ao que já conhecemos, principalmente quando essa opção "dá para o gasto". Contudo, muitas das nossas escolhas podem mudar e até se inverter. Mudar, além de ser normal, muitas vezes é melhor. Richard Branson esclarece muito bem: "As oportunidades de negócio são como ônibus. Sempre há outro chegando".

Não só as oportunidades de negócio são como ônibus: oportunidades de todo tipo estão sempre aparecendo. Se perder uma, você sempre pode embarcar na seguinte.

Roteiro revisto nº 4: Há mais de um modo de trabalhar

Pense nos seus conhecidos que estão bem contentes no trabalho. Talvez tenham um ótimo emprego numa dessas empresas que oferecem folgas ilimitadas e a oportunidade de fazer o próprio horário. Talvez possam trabalhar de casa ou talvez prefiram trabalhar em equipe — mas têm excelentes colaboradores. Se você pudesse escolher entre dois empregos com o mesmo salário, mas um deles oferecesse melhores condições de trabalho ou mais flexibilidade, não seria esse o escolhido?

Ler este livro vai ajudar você a "se alavancar"

Vou prometer mais uma coisa antes que você prossiga: a função deste livro não é oferecer paliativos. Se você detesta seu trabalho, ter direito a folgar uma sexta-feira por mês não vai fazer muita diferença. Se tiver uma dívida de 80 mil, um aumento de salário de 4% não vai livrá-lo dos credores. Você não precisa de pequenas mudanças; precisa *se alavancar*.

Este livro foi pensado para ajudar você nessa empreitada. Passei dez anos viajando pelo mundo, estudando as mais diversas profissões, e, ao conversar com pessoas que falavam do emprego de seus sonhos, notei que todas usavam uma linguagem muito parecida. São comuns comentários como estes:

Eu me sinto como se tivesse ganhado na loteria.

Mal posso acreditar que me pagam para fazer isso. Não conte a ninguém, mas gosto tanto disso que trabalharia de graça.

O trabalho nem parece trabalho. Muitas vezes é um divertimento, e vale a pena mesmo quando exige muito.

Parece bom, não? É assim que uma pessoa se sente quando encontra o trabalho dos sonhos, ou quando cria as circunstâncias perfeitas para tornar proveitosas as muitas horas que passamos trabalhando.

É hora de pegar o *seu* bilhete premiado. Para onde ele vai levar você?

"O emprego dos sonhos varia de pessoa para pessoa. Para alguns, significa ganhar dinheiro sem muito esforço. Para outros, trabalhar numa empresa. Outros ainda preferem trabalhar em contato direto com clientes. Outros querem poder trabalhar estando em qualquer lugar. Em resumo, é como cada um de nós entende a liberdade."

Caroline, 34 anos, naturopata

CAPÍTULO 2

Seu dinheiro e sua vida

OBJETIVO: Ficar com os dois

Você não é obrigado a escolher entre fazer o que gosta e ganhar bem. Neste capítulo, você vai aprender a usar o modelo Alegria-Dinheiro-Fluxo para saber qual é o seu estilo preferido de trabalho e ter maior clareza sobre seus objetivos.

Toda pessoa adulta ouve com muita frequência a pergunta "O que você faz?". Mas as crianças normalmente também ouvem uma variante bem diversa dessa pergunta: "O que você vai ser quando crescer?".

Muita gente ouve isso mais de uma vez, de professores, dos pais e de outras pessoas que representam a autoridade e nos incentivam a sonhar alto e dar uma resposta bem específica. De fato, as crianças muitas vezes dão respostas bastante ambiciosas a essa pergunta: presidente, astronauta, atleta. Claro que na idade adulta sabemos que esses desejos não são realistas e estão fora do alcance da maior parte das pessoas, mas para uma criança que sonha com o futuro não há limite para a imaginação.

Você se lembra de como respondia a essa pergunta?

Talvez sonhasse fazer alguma coisa que seus pais faziam. Se sua mãe fosse médica, talvez isso parecesse atraente. Você gostava da ideia de ajudar as pessoas, e o hospital parecia um lugar interessante para trabalhar. Ou talvez seu pai fosse arquiteto, e um dia, no escritório dele, você tenha visto projetos legais de edifícios. Talvez isso tenha despertado seu interesse e você tenha decidido que "arquiteto" era uma resposta tão boa quanto qualquer outra.

Ou talvez suas aspirações não fossem tão grandiosas, e mamãe e papai não fossem seu modelo profissional. Você já quis ser o carteiro que dirigia aquele carrinho engraçado? O caixa do supermercado que sempre ficava contente ao vê-lo? Faz todo o sentido, porque nós imitamos aquilo que vemos.

No meu caso, eu tinha uma mistura de duas carreiras dos sonhos, ambas vindas de meu pai. No início da década de 1980, ele trabalhava como engenheiro aeroespacial, na equipe de lançamento de foguetes; depois passou a criar programas de computador para a Boeing, até que se aposentou e começou a escrever romances. Tenho ainda uma grata lembrança. Ele me levou a seu escritório durante um teste de nave espacial e me deu uma tarefa. Não lembro todos os detalhes, e com certeza não entendi muito bem na ocasião, mas fiquei com a impressão de que era uma coisa importante. Minha tarefa era observar um instrumento de medição e dizer a meu pai se o ponteiro passava ou não de certo número.

Desnecessário dizer que a segurança dos astronautas ou o futuro da Nasa não dependiam da minha atenção ao instrumento sob minha responsabilidade. Aos seis anos de idade, no entanto, foi exatamente o que pensei. Toda a indústria espacial estava contando comigo! Quando foi anunciado que o teste tinha sido um sucesso, fiquei orgulhoso de minha contribuição — e pronto para o almoço.

Não lembro onde meu pai me levou para almoçar depois de minha contribuição essencial para a Nasa, mas tenho um palpite. Íamos com bastante frequência ao Burger King. Eu *adorava* aquele lugar. Se me deixassem comer no Burger King todos os dias, teria sido um menino de seis anos muito feliz. É certo que às vezes tinha de fazer escolhas difíceis: fritas ou anéis de cebola? Milk-shake de baunilha ou torta de maçã? Mas, fora esses dilemas, ficava feliz com meu cheeseburguer duplo e meus sachês de ketchup.

Por isso, aos seis anos, quando um adulto me perguntava "O que você vai ser quando crescer?", minha resposta era imprevisível. Ora queria trabalhar com os astronautas, ora queria trabalhar no Burger King. As duas carreiras me pareciam igualmente interessantes e satisfatórias. Claro que eu ainda não entendia o que cada uma delas significava.

Crescer e tomar decisões

É normal que perguntem a uma criança o que vai ser quando crescer. Mais cedo ou mais tarde, no entanto, você chega a uma idade em que as pessoas param de perguntar — ou, quando fazem isso, a pergunta soa como mau agouro. De uma hora para a outra, "Quais são os seus sonhos? Você pode fazer o que quiser" torna-se "O que é que você vai fazer da vida? Seria melhor pensar logo nisso".

Os adultos, em geral, acham engraçadinha uma criança cuja maior aspiração é trabalhar numa lanchonete. Mas, se uma pessoa não tiver outra ambição além de fritar batatas, provavelmente não seria vista com muito respeito.

Do mesmo modo, um menino de seis anos que quer ser astronauta é considerado adorável, mas se um adulto — com a possível exceção de uns poucos formandos do MIT — anunciar essa mesma vontade ficará marcado como alguém destinado à frustração. Depois da etapa de devaneios da adolescência, instalam-se a realidade e a vida prática, e é preciso tomar decisões reais. Devemos decidir sobre estudos, especialização, estágio, primeiro emprego e assim por diante. De repente, as escolhas parecem ilimitadas e avassaladoras. Você pode entrar para as forças armadas, que paga seus estudos em troca de um período mais extenso de serviço militar. Pode ser médico, advogado, engenheiro. Pode escolher uma carreira nas artes, nas finanças ou trabalhar na mídia. Ou ainda pode querer alguma coisa totalmente diferente.

Qualquer que seja sua escolha, você provavelmente vai tentar colocá-la em prática sem muita informação, sem um entendimento pleno do caminho a tomar e de que panorama vai encontrar à frente. Para complicar ainda mais as coisas, durante os anos seguintes tudo pode acontecer, mudando o curso das decisões iniciais. Depois de um primeiro contato com algo que achava que gostaria de fazer —

assistir a uma aula na faculdade, fazer um estágio ou arrumar um primeiro emprego —, você pode descobrir que aquilo, no fim das contas, não é para você.

Depois que abandonei meus sonhos de trabalhar na Nasa ou no Burger King, achei que seria contador e escolhi essa habilitação no primeiro ano de faculdade. Meus professores pensavam de outra forma e incentivaram uma rápida mudança, devolvendo minhas primeiras provas corrigidas com notas desanimadoras. Claro que eu poderia ter perseverado, estudado com afinco e mostrado que eles estavam errados — mas não estaria sendo sincero. Claramente a contabilidade não era para mim, portanto mudei para outra coisa.

Fiz essa troca sem demora, mas para outros a realidade se revela um pouco mais tarde. Você pode chegar a se formar e depois descobrir que seu campo de interesse ficou ultrapassado, ou começar a buscar um emprego e descobrir que o mercado de trabalho em sua área está saturado. Ou talvez você constitua família e essa escolha afete suas possibilidades de carreira.

O mais comum ao seguir adiante, seja qual for o caminho tomado, é topar com alguma coisa completamente diferente. Você pode descobrir uma aptidão que não conhecia, uma paixão que nunca pensou ter oportunidade de cultivar, ou uma oportunidade de emprego que jamais teria esperado. Talvez um antigo colega lhe ofereça um cargo em sua nova empresa, ou talvez uma parceria com um amigo da faculdade se transforme num *negócio real*. Apesar de não ter planejado, de uma hora para a outra você estará envolvido com algo em que nunca tinha pensado.

A questão é que as carreiras quase nunca são tão organizadas ou planejadas como nos inclinamos a supor. No começo da fase adulta, muita gente não sabe *mesmo* o que quer fazer durante os próximos quarenta ou sessenta anos de trabalho. Temos ideias e sonhos, mas o futuro é nebuloso. Ainda há muita coisa a descobrir. Muita coisa pode mudar ao longo do caminho que leva à descoberta do trabalho para o qual nascemos.

A fórmula simples para descobrir para qual trabalho você nasceu: alegria-dinheiro-fluxo

Outro pressuposto da orientação profissional tradicional é o de que todos somos diferentes e todos queremos coisas diferentes. É verdade que cada pessoa tem um conjunto exclusivo de aptidões e interesses, e que nossa formação e nosso ambiente são naturalmente diversos. Mas será verdade que cada um quer uma coisa diferente? Talvez as coisas não sejam tão complicadas: a maior parte das pessoas quer descobrir uma profissão que atenda a algumas necessidades específicas.

Apesar de nossas diferenças, quase todos nós queremos uma vida profissional equilibrada e plena que nos traga satisfação e prosperidade. Na medida do possível, queremos fazer algo de que gostamos. Queremos aproveitar bem nossas aptidões. E, de preferência, não queremos nos deparar com um falso dilema entre amor e dinheiro — queremos fazer aquilo de que gostamos *e* ser bem recompensados por isso.

Trocando em miúdos, o que buscamos é o seguinte:

* Algo que nos faça felizes (alegria).
* Algo financeiramente viável (dinheiro).
* Algo que aproveite ao máximo nossas aptidões (fluxo).

Lembre-se do objetivo deste livro: ajudá-lo a ganhar na loteria da carreira e encontrar o trabalho feito para você. Há mais de um caminho para esse mundo ideal, mas sem que *todos* esses critérios sejam atendidos você não terá um encaixe perfeito. É possível fazer uma coisa de que se gosta, mas não dá dinheiro. É possível também ser bem pago para fazer algo de que não se gosta, ou que apenas se tolera — muita gente prefere fazer concessões e conviver com uma situação ruim em troca de um polpudo contracheque. Por fim, é possível gostar do que se faz ou ser bem pago (ou ambos), mas ainda sentir falta daquele fluxo abrangente, em que as horas passam como minutos porque a pessoa está imersa numa atividade em que é boa de verdade.

No entanto, nenhuma dessas situações é a ideal. Descobrir para que trabalho você nasceu depende de encontrar uma combinação exata de alegria, dinheiro *e* fluxo.

Vamos ao resto da história de como eu encontrei a minha.

Ganhar a vida, do Burger King ao basquete

Os conselhos sobre carreiras começam a aparecer lá pelos seis anos. Foi assim comigo, quando estava ocupado participando de testes de importância vital para a Nasa e tentando convencer meu pai a me levar ao Burger King sempre que possível. "Você pode fazer o que quiser", costumam assegurar os adultos, sem nenhuma explicação ou garantia de como isso é possível. Por mais que soe bem a nossos jovens ouvidos, esse conselho é absurdo. Há com certeza algumas coisas que você não vai fazer e não faltam coisas que *não deve* fazer. Mas tudo bem — na verdade, isso é bom.

Aos doze anos, eu não queria mais trabalhar no Burger King. Tinha uma nova ambição: ser jogador profissional de basquete. Treinei centenas de lances livres no quintal, repetindo obstinadamente a cena em que eu fazia a cesta decisiva na final do campeonato da NBA. *Obrigado a todos. Estou pronto para tomar um banho de Gatorade!*

Não importava que eu nunca tivesse feito parte de um time ou mesmo de um jogo real. Claro, aquilo era só uma fantasia que não levaria a lugar nenhum. É provável que se repita por aí o caso de alguém que se tornou jogador profissional com muita determinação e esforço, mas a realidade é que, por mais que eu treinasse, nunca chegaria à NBA. Não quero destruir os sonhos de infância de ninguém, mas, se esses sonhos envolvem virar presidente dos Estados Unidos ou piloto de testes de propulsores a jato, é bom lembrar que nem todo desejo se realiza, seja por falta de qualificação, de talento, de oportunidade ou de alguma combinação das três coisas. A realidade é que existem fantasias profissionais que nunca se tornarão realidade, por mais que você tente... portanto, seja lá o que signifiquem para você, elas não devem se tornar seu objetivo.

Poucos anos depois de meus serviços prestados à Nasa e da fantasia de levar meu time ao título da NBA, passei a fazer algumas escolhas reais. Comecei a faculdade e passei a explorar as opções de cursos. A incursão inicial pela contabilidade foi logo descartada depois de muita luta para conseguir as notas mínimas para aprovação. Assistindo a outras aulas, descobri que gostava de sociologia. Adoro aprender sobre como as pessoas se definem em relação às demais e como diferentes grupos interagem e evoluem ao longo do tempo. Além disso, eu com certeza tinha mais aptidão para o tema do que para a contabilidade.

Com meu diploma em sociologia em mãos, iniciei uma pós-graduação que durou pouco, pois àquela altura meus interesses tinham evoluído. Eu gostava dos assuntos que estava estudando, mas as oportunidades na área eram limitadas e exigiam muitos anos de dedicação. Meu emprego noturno carregando caminhões da FedEx com caixas proporcionava poucas alegrias e tinha um potencial de progresso quase nulo, portanto era improvável que se tornasse a profissão de meus sonhos.

Nessa época, comecei um trabalho noturno complementar — depois de terminar o serviço na FedEx, às duas da madrugada, e antes de começarem as aulas, às dez — comprando e vendendo coisas pela internet. Embora nunca tenha conseguido me destacar nas aulas de contabilidade, descobri que era muito bom em ganhar dinheiro e administrar um pequeno negócio.

Você deve ter notado que até agora eu não tinha usado nesta história a palavra começada com *d* — "dinheiro". E este é um bom momento para trazê-la à baila, porque o dinheiro era (e continua sendo) um fator importantíssimo na busca do trabalho ideal. Como quase todo mundo, eu tinha contas a pagar todos os meses, além de querer também algum extra para fazer as coisas de que gostava.

O termo elegante para isso é *imperativo econômico*. Na versão mais simples é: eu precisava de dinheiro.

Minha situação nessa época poderia ser resumida da seguinte forma:

Qualificações: curso superior completo (mais metade de uma pós-graduação)

Oportunidades profissionais: não muitas (porque teria de continuar estudando durante muitos anos)

Trabalho atual: um emprego horrível de meio período (definitivamente não queria continuar carregando caminhões todas as noites)

Imperativo econômico: nenhuma reserva (mas continuava tendo de pagar as contas)

Eu estava satisfeito por ter tido a oportunidade de frequentar uma universidade, mas para mim não havia ligação imediata entre faculdade e profissão. Mesmo gostando daquilo que tinha estudado, eu sabia que precisaria encontrar outra maneira de ganhar a vida. Tinha certeza de que, num cenário ideal, ganhar a vida não envolveria continuar carregando caminhões por muito mais tempo.

Como ocorre com muita gente, topei com uma coisa completamente diferente daquilo que de início tinha imaginado. Sempre gostei de escrever e desenvolver ideias. Lia revistas sobre empreendedorismo e pequenos negócios desde a adolescência. Também gostava de música e de viagens, mas não via como essas preferências pudessem se transformar em algo que me proporcionasse uma remuneração. Resumindo, minhas aptidões não tinham nada a ver com meu diploma, ou mesmo com meu talento adormecido para os arremessos de lance livre que treinava no quintal.

Comecei meus negócios comprando e vendendo café, aprendendo sobre margens de lucro e torra de grãos. Depois de alguns anos, ansiava por um novo desafio, então me apresentei como voluntário para um trabalho assistencial na África. Nesse período, comecei a coordenar equipes e a promover reuniões de grupos, uma aptidão que adquiri depressa porque me parecia uma coisa natural.

Poucos anos depois, voltei aos Estados Unidos e comecei uma vida nova como blogueiro e viajante, tentando visitar todos os países do mundo como parte de uma expedição de dez anos. (Vou logo avisando: consegui!)

Atualmente concilio diversas atividades, todas elas abrigadas sob a profissão guarda-chuva de escritor e empreendedor: escrevo livros, coordeno equipes, promovo eventos, crio pequenos negócios. Para mim, essa combinação proporciona alegria, o dinheiro necessário e, com exceção de umas poucas responsabilidades entediantes mas necessárias, quase sempre me sinto "no fluxo". Para dizer a verdade, nem tudo deu certo — houve muitos fracassos —, mas me sinto como se tivesse ganhado o melhor trabalho do mundo na loteria da carreira.

Olhando para trás, consigo enxergar o caminho, porém nunca poderia tê-lo previsto ou projetado. Como vimos no capítulo anterior, encontrar o trabalho para o qual você nasceu quase nunca é um processo linear. Mas, ao chegar lá, você vê que valeu a pena.

O modelo alegria-dinheiro-fluxo: o que estamos procurando

Agora que você já sabe que a alegria, o dinheiro e o fluxo são os três componentes principais de uma profissão ganhadora na loteria da carreira, vamos examinar cada um deles em maior detalhe. Eles podem ser autoexplicativos, mas é importante que você entenda exatamente do que se trata.

Alegria: o que você gosta de fazer

"Faça aquilo de que gosta" pode ser uma frase batida, mas dificilmente haverá uma aspiração mais adequada para um conjunto de

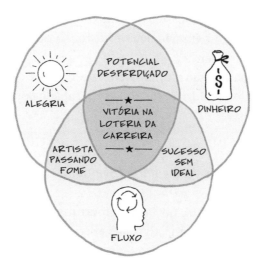

atividades que ocupará quarenta horas ou mais por semana, pelo resto da nossa vida. É muito difícil ser feliz de verdade se você não gostar daquilo a que dedica a maior parte de seu tempo.

Isso não quer dizer que cada instante vai ser maravilhoso; em algum momento, mesmo os ganhadores da loteria da carreira precisam tirar fotocópias e preparar relatórios de despesas. Ninguém pode fazer só aquilo de que gosta o tempo todo, mas esse não é o objetivo real. De modo geral, queremos que nosso trabalho "desperte alegria". Se você não tem certeza de que seu trabalho esteja despertando alegria, é mais provável que não esteja.

Dinheiro: aquilo que apoia e sustenta

Na procura do emprego ou da profissão dos sonhos, é improvável que o dinheiro seja uma preocupação secundária. Você *precisa* ganhar a vida. Se tiver família, *precisa* cuidar de seu bem-estar. No cenário ideal que estávamos procurando para a loteria da carreira, seu trabalho proporciona o dinheiro necessário para que você viva com conforto. Se ficar rico, muito melhor — não há problema nenhum em ser rico. Mas, mesmo que seu trabalho não gere uma polpuda conta bancária, também não deve levar você a precisar da caridade alheia para sobreviver.

Em outras palavras, o dinheiro não é tudo, mas é difícil ter prazer em viver quando se está o tempo todo preocupado por não conseguir pagar as contas.

Fluxo: aquilo em que você é bom de verdade

Alguma vez você perdeu a noção do tempo quando estava mergulhado num projeto que adora? Alguma vez você assumiu um trabalho remunerado, mas gostou tanto dele que teria de bom grado feito tudo de graça? Esse é o estado que chamamos de *fluxo*: a arte de maximizar suas aptidões e esquecer-se da vida fazendo algo em que você é realmente bom. Esse estado, ao lado da alegria e do dinheiro, é essencial ao trabalho para o qual você nasceu.

Há muitas coisas que todos nós *poderíamos* fazer mais ou menos bem, ou até bastante bem. Mas fluxo é outra coisa. Você não apenas faz aquilo mais ou menos bem, ou bastante bem; você faz bem *mesmo*. Tudo acontece com naturalidade e facilidade. Quando você faz esse tipo de trabalho, os outros ficam impressionados e até mesmo surpresos com o modo como você parece chegar a ótimos resultados sem fazer força. "Como é que ele faz isso?", as pessoas se perguntam.

Assim como no caso da alegria, você não precisa estar *sempre* no fluxo. O mais provável é que tenha períodos de fluxo entremeados com períodos de trabalho mais normais. Mas, assim como você busca um trabalho que desperte o máximo possível de alegria, também deseja estar no fluxo tanto quanto possível.

Você não tem ideia de qual seja sua combinação ideal de alegria, dinheiro e fluxo? Sem problemas. Vamos explorar uma porção de estratégias práticas específicas para descobrir exatamente o que combina com você. Melhor ainda: quando você encontrar a combinação ideal, vai saber reconhecê-la. Vai parecer que estava tudo ali, esperando por você o tempo todo. Esse é o encanto de descobrir o trabalho para o qual você nasceu.

Do sonho à realidade

Quando Angela May era criança, na Colúmbia Britânica, Canadá, onde foi criada, ela queria ser inventora. Mais especificamente, queria ser o dr. Brown, personagem fictício da trilogia *De volta para o futuro* que construiu uma máquina do tempo. Desde criança, sempre gostou de consertar objetos quebrados em casa ou de torná-los mais eficientes. O fato de vir de uma família de engenheiros deve ter ajudado, mas ela se sentia atraída também pelas artes, além da ciência. No ensino médio, participou de programas de estudos avançados de ciências e artes; na faculdade, começou a desenhar uma série de quadrinhos que postava na internet. As tirinhas eram um bom descanso das pesadas disciplinas do curso de engenharia, que ocupavam a maior parte da semana.

Assim que se formou, Angela se viu diante de um conflito. A grande maioria dos formandos em engenharia no Canadá vai trabalhar na indústria de petróleo e gás, uma área que ela considerava pouco atraente. "A sustentabilidade é a corrida espacial de nossa geração", ela me falou. "Eu queria participar de soluções criativas, não apenas colaborar com uma atividade já existente."

A visão era nobre, mas na condição de recém-formada inexperiente em busca de trabalho fora da atividade dominante ela descobriu que encontrar emprego não era fácil. Angela ficou desempregada por mais de seis meses, vivendo de suas parcas economias, enquanto via os amigos começando a trabalhar e ganhando bons salários. Por fim conseguiu uma entrevista na BC Hydro, uma empresa elétrica de economia mista, ao mesmo tempo pública e privada. O processo de contratação levou mais três meses — o governo não se destaca pela eficiência —, mas ela finalmente começou a trabalhar.

Indo de trem ao escritório, situado num edifício altíssimo do centro de Vancouver, Angela se sentia como uma adulta. "Tinha cartão de visitas e um ramal telefônico", contou ela. "Estava trabalhando em período integral pela primeira vez."

Trabalhar naquela empresa serviu a um objetivo importante em relação à sua qualificação: depois de quatro anos, ela recebeu seu registro profissional de engenheira, o que a habilitava a ocupar uma variedade muito maior de cargos. A ocasião foi propícia também. Embora aquele primeiro emprego houvesse sido bom em alguns aspectos, tinha também seus inconvenientes. Em primeiro lugar, a construção do plano de carreira era altamente politizada — Angela viu diversos chefes chegarem e partirem ao bel-prazer de seus superiores ou por causa de mudanças no contexto político. Além disso, mudanças reais eram desencorajadas. Nas palavras dela: "Eles queriam que propuséssemos grandes mudanças, mas na hora da implementação tudo se reduzia". Angela tinha a impressão de que as únicas mudanças sustentáveis com que a empresa se comprometia eram as que se relacionavam de forma direta com a economia de recursos financeiros — um objetivo importante, mas um tanto limitado.

Ela estava pronta para mudar de emprego, mas para onde? E como faria isso? "Depois que você está em seu primeiro emprego", diz ela, "ninguém lhe diz o que fazer a seguir. Não existe manual de instruções."

O manual de instruções

Durante todo o tempo em que esteve em seu primeiro emprego de verdade, Angela continuou desenhando e postando suas tirinhas, que se tornaram cada vez mais conhecidas. Em dado momento, seu site estava sendo visitado por 10 mil pessoas por dia, e ela publicou duas coletâneas, que vendeu pela internet e em convenções de quadrinhos pela América do Norte. Ela já tinha visto outros quadrinistas darem o salto para uma carreira em tempo integral, mas não tinha certeza de que era isso que queria. Produzir quadrinhos era divertido, assim como o contato com os fãs e o trabalho nas coletâneas, mas fazer isso como profissão exigiria que ela passasse muito mais tempo em atividades comerciais do que gostaria. No entanto, era uma *atividade paralela* importante — ela fazia aquilo porque gostava, o que também lhe proporcionava ganhos regulares, além da satisfação do contato com o seu público. (Você vai saber mais sobre atividades paralelas no capítulo 7.)

Embora não houvesse manual de instruções previamente preparado para a busca do emprego seguinte, Angela optou por uma estratégia clara para se tornar uma candidata ainda mais promissora para o emprego que de fato queria. Era uma engenheira de 28 anos, então decidiu se reciclar. Estudou à noite, obteve novas qualificações e montou um portfólio. Aprimorou sua técnica de desenho, aprendendo a desenhar num estilo mais compatível com o desenho industrial. Conversou com antigos colegas que tinham feito bons contatos depois de anos de trabalho, e procurou oportunidades interessantes na internet.

Em pouco tempo, conseguiu emprego numa start-up, que apresentava prós e contras evidentes. Havia apenas duas outras pessoas trabalhando no local, dois homens mais velhos. O trabalho era interessante, mas exigia dedicação total num ambiente de trabalho tóxico e perigoso. Desde o início, o emprego lhe pareceu um degrau a mais em seu caminho, não a resposta final. Em oito meses, seu contrato foi rescindido e ela foi demitida por seus chefes — os dois caras.

De início, Angela ficou desanimada, mas logo entendeu que era uma nova oportunidade de recomeço. Por mais estranho que tenha sido, o período que passou na start-up proporcionou uma experiência mais completa do que o trabalho na empresa elétrica. Ela então fez uma viagem ao Peru, desejada fazia tempo, e voltou a Vancouver para continuar procurando emprego.

Dessa vez encontrou o emprego ideal, para fazer exatamente o que queria. Era na área de design de produtos, aproveitando técnicas da engenharia para ajudar empreendedores a criar novos itens e melhorar processos já existentes de grandes empresas. A empresa tinha sido fundada por dois engenheiros que não queriam trabalhar com petróleo e gás, e todos os funcionários do escritório tinham uma mentalidade similar quanto à sustentabilidade. Da última vez que eu e Angela nos falamos, a empresa era ainda pequena, com apenas quinze funcionários no escritório, mas não tanto quanto a start-up com mais duas pessoas apenas.

A pequena empresa tinha grandes clientes, inclusive alguns muito conhecidos, cujos produtos eram consumidos por milhões de pessoas. As mudanças feitas por Angela e companhia tiveram um impacto positivo e sustentável sobre o ambiente. Em alguns casos, como o de um projeto de equipamento médico para a África, o trabalho consistia literalmente em salvar vidas. Além disso, ela ganhava um bom salário e tinha muita margem para avançar na carreira.

Com tudo isso, Angela continuou a atualizar o site de quadrinhos toda semana. Lançou uma nova coletânea, a terceira, e planejou uma quarta. Diz ela que dedica um tempo ao trabalho "profissional" e outro aos quadrinhos, mas está chegando perto de fazer as duas atividades convergirem.

Não é só o que você faz que importa, mas como faz

Todas as grandes decisões profissionais devem levar à combinação ideal de alegria, dinheiro e fluxo — e há uma diferença importante entre o *conteúdo* de seu emprego ou de sua profissão (o tipo de atividade que você faz) e as *condições de trabalho* (como você executa suas funções).

Para encontrar o trabalho para o qual você nasceu, é preciso estabelecer uma correspondência sólida entre o conteúdo certo e as melhores condições de trabalho. Se apenas um dos lados da equação for solucionado, sempre vai faltar alguma coisa importante. Um ótimo trabalho com um péssimo horário acaba levando ao estresse e à falta de equilíbrio. No entanto, um ótimo horário aliado a um ambiente tóxico e a um trabalho sem sentido ou muito limitado não ajuda em nada no longo prazo. Não adianta nada poder acordar tarde ou ter colegas de trabalho divertidos se você tiver de passar oito horas diárias fazendo algo que detesta.

CONTEÚDO FRACO + BOAS CONDIÇÕES
= INSATISFATÓRIO

CONTEÚDO INTERESSANTE + MÁS CONDIÇÕES
= ESTRESSANTE

CONTEÚDO INTERESSANTE + BOAS CONDIÇÕES
= IDEAL

Definir o tipo de trabalho que você faz é muito simples. Vamos olhar mais especificamente para as condições de trabalho.

Há uns poucos fatores relevantes ao estabelecer suas condições de trabalho ideais: horário, ambiente, chefia e responsabilidades, colaboração e resultados.

1. Horário flexível. Todos querem ter algum tempo para si, assim como alguma autonomia para trabalhar da maneira como preferirem. Algumas pessoas almejam independência total e se ressentem de qualquer tentativa de controle sobre seu horário ou das condições em que o trabalho deve ser feito. (Sou assim, reconheço.) Outras querem alguma liberdade, mas gostam de ter horários fixos. No caso de Angela, ela encontrou o trabalho de sua vida num lugar em que precisava cumprir horários normais, mas não tão rígidos a ponto de impedi-la de flexibilizar a rotina de trabalho quando precisasse.

2. Supervisão e responsabilidade. O trabalho de quase todo mundo é avaliado de alguma forma. Se você tem um chefe, pelo menos uma parte de seu trabalho será dedicada a mantê-lo satisfeito. E, se não tem chefe, o mais provável é que tenha clientes ou outras pessoas a quem, em última instância, deve prestar contas.

A maioria das pessoas deseja assumir a responsabilidade pelo próprio trabalho e ter autonomia para criar. Mesmo assim, alguns dão mais valor à autonomia que outros. Para certas pessoas, qualquer supervisão parece uma camisa de força. Para outras, ter alguém espiando por cima do ombro de vez em quando não causa nenhum embaraço; na verdade, isso as ajuda a manter em mente suas responsabilidades. O primeiro emprego de Angela, numa cultura corporativa em que a tomada de decisões era política e o desafio à autoridade era malvisto, não lhe proporcionava independência suficiente para fazer a diferença que ela desejava. Por outro lado, porém, ela achava que precisava de mais estrutura do que a oferecida na start-up pouco organizada que foi seu segundo emprego. No fim, ela foi parar numa empresa cuja administração não era nem rigidez corporativa nem de completa informalidade e encontrou o equilíbrio entre liberdade e estrutura.

3. Ambiente. Não é só o trabalho em si que importa, mas também onde, como e com quem você o executa. Seu local de trabalho pode ser uma sala, uma estação de trabalho ou um espaço compartilhado. Você pode trabalhar em casa, na estrada ou em qualquer outro lugar. Uma vez que está lá, considere os tipos de interação que vão preencher seus dias. Aparece gente em seu espaço o dia inteiro? Você está sempre em reuniões ou ligações telefônicas? Há quem goste de burburinho e interações frequentes, mas tem gente que detesta. O mais importante é: você se relaciona com as pessoas com quem trabalha e as respeita?

Não existe um ambiente de trabalho ideal para todo mundo, mas esses fatores são decisivos para a felicidade, e é importante conhecer nossas preferências. Angela nunca se adaptou ao ambiente corporativo focado em metas, nem trabalhando em um lugar informal com dois caras que a mandaram embora. Mas seu terceiro emprego — no qual seus colegas tinham ideais, ambições e valores semelhantes aos dela — acabou sendo o ambiente perfeito para ela.

4. Senso de contribuição. Todos nós queremos contribuir com alguma coisa importante — uma missão, talvez, ou pelo menos algo que tenha significado. Quando, na minha infância, meu pai me levou a seu escritório, achei que estava ajudando os astronautas a ir para o espaço e me senti o máximo. Mesmo que a contribuição não seja tão fantástica quanto pousar na Lua, todos nós temos orgulho de participar de algo que julgamos relevante.

Como você deve se lembrar, os primeiros empregadores de Angela não se identificavam com a missão que ela havia escolhido — a de usar seus conhecimentos em engenharia para promover a sustentabilidade e ajudar a construir um mundo melhor. No fim, ela encontrou o emprego de seus sonhos numa empresa em que todos estavam igualmente comprometidos com uma contribuição positiva e duradoura para com a sustentabilidade e o meio ambiente.

5. Colaboração. Você trabalha por conta própria, com outras pessoas ou alternando entre as duas maneiras? Colaboração e ambiente são coisas diversas, porque você pode estar instalado num escritório, mas, na prática, trabalhar sozinho. Prefere assim ou prefere menos autonomia? Para Angela, o ideal seria um ambiente em que houvesse outras pessoas, mas seu trabalho de fato ela fazia praticamente sozinha.

6. Resultados ou parâmetros. Isso tem a ver com o quanto você produz em determinado tempo ou com a maneira como avalia seu trabalho. Se atuar numa linha de montagem que fabrica bolinhos, no fim do expediente poderá contar quantas unidades produziu. Mas, se fizer consultoria em um grupo de pesquisa, deve medir sua produção pelo número de relatórios publicados ou de sugestões adotadas. Angela mensurava seu trabalho pela diferença que estava fazendo para o mundo. Para ela, era a dimensão mais importante.

7. Segurança. No que se refere a dinheiro, não são apenas o salário e a receita anual que importam. É preciso também avaliar a segurança de seu trabalho (e a garantia de pagamento), ou se alguma eventual outra fonte de renda é sustentável. Você pode encontrar um veio de ouro, que rende um monte de dinheiro, mas logo desaparece sem deixar vestígio. Encontrar um veio de ouro é um acontecimento formidável, mas por natureza é insustentável no longo prazo. No caso de Angela, o que ela ganhava com as tirinhas permitiu que se mantivesse durante os breves períodos de desemprego e proporcionou segurança no caso de problemas financeiros.

8. Benefícios intangíveis. Não se trata de plano de saúde ou de descanso remunerado, mas de qualquer coisa que você ganhe por estar num emprego em particular. Você pode usar material de escritório para fins particulares ou tirar cópias de documentos pessoais? Tem happy hour bancado pela empresa de vez em quando?

Angela não mencionou nada disso quando me contou sua história, portanto talvez não fosse prioridade para ela. Essas regalias não devem estar entre as considerações mais importantes ao escolher o trabalho para o qual você nasceu — afinal, um emprego que lhe suga o sangue pode muito bem oferecer drinques grátis como prêmio de consolação. Mas, no todo, os benefícios constituem um fator a levar em conta quando se avalia os prós e os contras de um emprego.

A questão é que as condições de trabalho desempenham um papel importante na combinação ideal de alegria, dinheiro e fluxo. Não basta que você encontre o melhor trabalho possível: deve encontrar (ou criar) também as condições que atendam melhor à sua personalidade e às suas preferências.

Ao longo do restante deste livro, examinaremos muitas táticas e estratégias para otimizar não apenas a alegria, o dinheiro e o fluxo, mas também todos os elementos correlatos (e outros) que determinam o emprego dos seus sonhos.

ALEGRIA, DINHEIRO, FLUXO: UMA QUESTÃO DE MOMENTO

A relação ideal entre essas variáveis não é a mesma para todo mundo, e nem sempre é a mesma para a própria pessoa. Em diferentes momentos da vida, você pode dar mais ou menos ênfase às diferentes partes da equação. Se tem filhos pequenos, passar mais tempo com eles pode ser sua prioridade. Em outros momentos, você pode dar valor a um salário alto ou a um cargo de maior responsabilidade (ou às duas coisas).

A esta altura, você já deve saber quais são os valores mais importantes em dado momento, mas, se não souber, temos um exercício rápido e fácil que pode ajudar na decisão.

Ação

Dê uma nota de 1 a 5 a cada uma das seguintes afirmações, sendo que 1 equivale a "sem importância ou relevância" e 5 a "muito importante". Para melhores resultados, dê respostas variadas e pelo menos um 1 e um 5.

1 Gostar do meu trabalho é muito importante para mim.
2 Quero saber se estou trabalhando bem.
3 Estou numa situação financeira difícil ou preciso juntar uma grande soma.
4 Minha qualidade de vida é mais importante que o dinheiro neste momento.
5 Tenho dependentes e preciso sustentá-los.

6 Quero ser capaz de fazer algo que me desafie, especialmente se for novo e diferente.

7 Tenho disposição para dar duro em alguma coisa de que não gosto em troca de um bom salário.

8 Fico mais feliz trabalhando em algo de que gosto, mesmo que não pague muito bem.

9 Prefiro fazer coisas em que me destaco de verdade. São coisas que podem ser frustrantes para outras pessoas, mas me parecem fáceis.

Resultados e interpretação

Some os pontos que você deu às perguntas 1, 4 e 8. Depois, some os que deu às perguntas 3, 5 e 7, e, por fim, os que deu a 2, 6 e 9. Qual desses três grupos recebeu mais pontos?

- Se a soma de pontos para as perguntas 1, 4 e 8 for a maior, a alegria é o mais importante nesta etapa de sua vida. Mais do que qualquer outra coisa, você quer gostar de seu trabalho e fazer alguma coisa que tenha significado.
- Se a soma de pontos for maior para as perguntas 3, 5 e 7, o dinheiro é muito importante neste momento. Você precisa ganhar dinheiro, de preferência já.
- Se a soma de pontos for maior para o grupo das perguntas 2, 6 e 9, o fluxo tem importância especial agora. Você quer ter certeza de que está trabalhando naquilo em que é bom.

Lembre-se de que os três componentes são importantes para sua vida, mas a importância relativa de cada um pode mudar de acordo com o momento. Por isso, você deve repetir de tempos em tempos essa breve análise, talvez duas vezes por ano.

Diferentes formas de trabalho

Para encontrar o equilíbrio ideal entre alegria, dinheiro e fluxo, seria útil imaginar não apenas as condições de trabalho ideais, mas também nossa *forma* ideal de trabalho. Em outros tempos, as escolhas se limitavam a trabalhar para uma grande empresa ou montar um negócio próprio, mas hoje em dia o número de opções se multiplicou. Entre as diferentes formas de trabalhar atualmente estão:

- Emprego numa carreira tradicional.
- Empreendedorismo ou abertura de pequena empresa.
- Profissão técnica, na indústria ou no comércio.
- Nas forças armadas, no governo, outro serviço público.
- Freelance ou consultoria.
- Empregos "híbridos" ou "nômades" (trabalhos eventuais ou uma combinação de diferentes tipos de trabalho).
- Coworking, parceria ou similar.
- Em tempo parcial, sazonal ou outro emprego informal.

Quando for escolher entre essas formas de trabalho, é preciso ter em mente mais uma coisa: da mesma forma como existem diferentes profissões, existem também diversas *especialidades* dentro de uma mesma profissão. Se você for escritor, por exemplo, pode escrever de muitas maneiras. Pode ser romancista, blogueiro, redator de textos técnicos ou jornalista, só para elencar algumas possibilidades. Essas funções são muito diferentes umas das outras e acarretam responsabilidades distintas. E dentro de cada função existem *estruturas de emprego* particulares. Por exemplo, se você for programador, pode trabalhar por conta própria, como freelance para clientes ou para uma empresa ou instituição.

Nos exemplos dados, de escritor e programador, cada uma das funções específicas é diferente das outras, com uma grande quantidade de variantes nas condições de trabalho. A questão é: seja qual

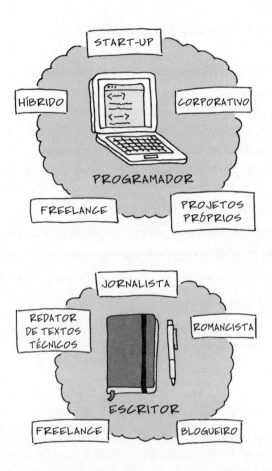

for a profissão escolhida, as condições de trabalho podem ser fundamentais para que você encontre seu bilhete premiado da carreira. E, se ainda não tiver certeza de quais são essas condições, é só continuar lendo.

A partir de agora, você vai saber como outras pessoas aproveitaram esse modelo para encontrar ou criar o melhor cenário de trabalho possível para si mesmas. Entre muitos outros casos, você lerá o do cara que ganhou 100 mil dólares vendendo camisetas por conta própria no Facebook, o do imigrante que deixou um emprego de gerente e, sem contar com nenhuma garantia, deu um salto no escuro para fundar um negócio lucrativo, e o do artista que voltou à escola aos quarenta anos depois de criar um filho como pai solteiro.

Embora sejam muito diversas, essas paixões, aptidões e formas de trabalho têm algo em comum: cada uma dessas pessoas identificou um objetivo e correu atrás dele com toda a disposição ou estabeleceu um conjunto de valores que usou como guia e o seguiu estritamente. Em quaisquer dessas opções, o primeiro passo é o mesmo: identificar o que você quer de verdade.

Tudo bem se você ainda não tiver todas as respostas. Lembre-se de uma coisa: há mais de um caminho, mas o objetivo é encontrar o melhor. Você busca um trabalho que preencha as três exigências: alegria, dinheiro e fluxo. Quanto mais perto chegar da intersecção ideal dessas três qualidades, mais feliz será e mais sucesso terá. Este livro foi feito para levar você até lá — para ser o seu bilhete vencedor na loteria da carreira.

"Eu tinha um monte de interesses e aspirações, mas nenhuma *prova* palpável do que era capaz de fazer. Então comecei a estudar à noite e a fazer um inventário dos meus projetos pessoais. Isso me transformou numa candidata melhor."

Angela, 30 anos, engenheira mecânica

CAPÍTULO 3

Aposte sempre em você

OBJETIVO: Quebrar a banca

Embora a loteria em geral não seja um investimento sensato, você só ganha se jogar. Aprenda a avaliar riscos, fazer escolhas melhores e criar uma série de planos de contingência que vão permitir que você faça as apostas certas.

Você já entrou num cassino? É um lugar estranho, artificial, com pessoas de olhar hipnotizado. Nos elevadores que sobem, toca música suave e alegre e, nos que descem, uma batida acelerada que prepara as pessoas para uma noite de jogatina. Qualquer que seja a hora do dia ou da noite, você é recebido no salão de jogos com uma iluminação ofuscante.

Se não usar relógio ou levar o celular, sabe-se lá a que horas vai sair. Na decoração dos cassinos não há relógios à vista.

De Las Vegas a Macau, há mais uma coisa que os cassinos têm em comum: no final, a banca ganha sempre. Com poucas exceções, por melhor que seja o jogador, os que administram o cassino são melhores — ou seja, melhores em separar você de seu dinheiro.

O jogo da vida, em especial a parte que diz respeito ao planejamento de carreira, é bem parecido com uma roleta. Tomamos decisões com base na intuição, e temos uma tendência a cometer sempre os mesmos erros. *Não tenho certeza sobre o que fazer — é assim que pensamos —, mas deu certo da outra vez, então pode dar certo de novo. Talvez se eu for para o outro lado do salão minha sorte melhore. Olha só, quantas luzes!*

Felizmente existe um caminho melhor. Em vez de jogar ao acaso, precisamos planejar com método e inteligência. Jogar, afinal, é um empreendimento de grande risco, e em geral os cassinos ganham porque têm estratégias de redução de riscos. Não podem eliminar por completo o risco de perda, porque nesse caso ninguém iria querer jogar. Mas, nas raras ocasiões em que descobrem alguém que pode derrotá-los a longo prazo, impedem essa pessoa de voltar a apostar por lá.

Como qualquer jogo nos cassinos de Las Vegas, a maior parte das estratégias profissionais sobre as quais você lê envolve certo risco. O segredo não é evitar totalmente o risco — caso contrário, qual seria a graça? —, mas criar um sistema infalível e operá-lo com destreza, como fazem os cassinos.

O AUTOR ARRISCA 350 DÓLARES POR UMA HISTÓRIA

Era o primeiro cassino de verdade em que punha os pés — e o único ao qual fui para jogar. Eu tinha uma ideia que vinha amadurecendo fazia meses.

Como escrevo sobre correr riscos, tentei fazer o que preconizava. Meu objetivo, nesse caso, era ganhar cinquenta dólares com 87,5% de probabilidade. Muito bom, certo? O único problema era que, se não desse certo, eu perderia 350 dólares. Ai, ai!

O que eu planejava era o seguinte: faria uma aposta simples na roleta, na qual as chances eram de mais ou menos 50% — não exatamente, já que o cassino sempre tem uma margem, mas perto disso. Se eu ganhasse, iria embora com o prêmio.

Se perdesse, dobraria a aposta no lance seguinte, esperando recuperar os cinquenta dólares originais e ganhar mais cinquenta. Se perdesse daquela vez, dobraria a aposta de novo, chegando a duzentos dólares — porém só mais uma vez. (O risco tem limite, principalmente num cassino.)

Lembre-se de que, no melhor cenário possível, eu ganharia cinquenta dólares e, no pior, perderia 350. Ainda assim, achei que uma chance de 87,5% valia a pena.

E o que aconteceu? Fui para a mesa de roleta do Bellagio, na Strip de Las Vegas. Peguei meu dinheiro — está bem, primeiro fiquei meia hora olhando os outros jogarem para não parecer um completo idiota — e comprei 350 dólares em fichas. De início pensei em apostar no preto, mas tive uma inspiração repentina e mudei para o vermelho.

O crupiê girou a roleta. Quarenta segundos depois, a bolinha parou... num número vermelho. Eu consegui! Depois de uma única aposta, troquei as fichas e fui embora cinquenta dólares mais rico.

Não se preocupe, não vou largar meu trabalho e virar um apostador profissional — e você não deve fazer o que fiz, pelo menos com um dinheiro que não pode se dar o luxo de perder. Mesmo assim, serviu para uma história engraçada, e os cinquenta dólares quase pagaram o café da manhã no dia seguinte. Os cassinos são caros!

Uma carreira de produtor bem abrangente

Quando Steve Harper entrou num posto de gasolina em Cheyenne, no estado de Wyoming, já tinha dirigido mais de 2 mil quilômetros com breves paradas para comer e dormir. Seguia no rumo oeste, mas seu destino final era indefinido. Será que ia parar no Colorado, virar para o sul na direção da ensolarada Califórnia ou continuaria em frente até o Oregon?

Ele só tinha uma certeza: alguma coisa precisava mudar.

Nos anos anteriores, vinha trabalhando como técnico de iluminação e coordenador de produção na cidade onde fora criado,

Farmington Hills, em Michigan. A história de como Steve chegou a esse ramo é parecida com a de muita gente — queria ser músico, mas a carreira não deu certo e ele precisou procurar outro tipo de trabalho. Tinha ficado com uma boa quantidade de equipamento de iluminação quando sua última banda se desfez, e por isso se uniu a DJs da região para fazer uns trabalhos que lhe rendiam noventa dólares por noite.

De início, as oportunidades eram limitadas, mas Steve mergulhou de cabeça e começou a aprender tudo o que podia sobre iluminação e equipamentos de palco. Solicitou catálogos a todos os grandes fabricantes de equipamento de iluminação e conversava com os encarregados pela produção de shows sempre que podia.

Um dia, recebeu uma ligação de uma produtora de eventos que precisava de ajuda. Perguntaram-lhe se ele sabia alguma coisa sobre cortinas de fibra óptica, tecnologia nova na época. Ele não sabia — mas tinha lido o catálogo de um fabricante, por isso seria capaz de dar um jeito até aprender mais na prática.

Steve se adaptou depressa. Depois de um breve período de experiência (e de leitura de outros materiais), começou a ser mais solicitado. Em pouco tempo, tinha shows agendados para todos os fins de semana e eventos corporativos em quase todos os dias úteis. Era muito bom ver suas novas aptidões tão valorizadas, mas aquilo dava muito trabalho. Ele não queria ser chefe, mas de repente se viu responsável por mais cinco rapazes. Queria ter uma vida pessoal, mas sua agenda lotada não lhe deixava nenhum tempo livre. Houve uma vez em que passou um mês tão ocupado que deixou de ir à lavanderia, e quando precisava de roupa limpa entre um evento e outro tinha que comprar uma nova.

Como se isso não bastasse como sinal de que sua vida estava saindo de controle, ele recebeu um alerta mais incisivo quando quase dormiu ao volante ao voltar para casa depois de um trabalho tarde da noite. Steve chamou alguém para ir buscá-lo, foi para casa e dormiu dois dias direto. Ao acordar — de cabeça fresca e descansado pela primeira vez em meses —, viu que tinha três tarefas a cumprir. Primeiro, precisava de um café. Segundo, começou a juntar a roupa suja. Terceiro, ligou para todos os clientes e disse que não estava mais disponível.

"Eu precisei largar tudo", disse, ao me contar a história. "Estava esgotado e não podia nem pensar em voltar para aquela vida."

Largar tudo tão de repente e sem outro trabalho em vista era bem arriscado, mas felizmente Steve tinha algumas garantias para ampará-lo. Os anos de prosperidade lhe permitiram poupar algum dinheiro, ao qual se somou o valor da venda de todo o equipamento adquirido. Com a carteira recheada, ou pelo menos com recursos para se manter durante algum tempo, Steve fez as malas, pegou seu Nissan 300zx e começou a viagem para o oeste. Não sabia para onde estava indo ou o que ia fazer ao chegar; só achava que precisava de uma oportunidade para uma mudança radical.

Ao chegar a um entroncamento de estradas em Wyoming, onde teria de escolher um destino, optou por Portland. Instalou-se na cidade e arrumou empregos esporádicos durante algum tempo até se recuperar do cansaço. Fez uma viagem à Islândia. Foi esquiar. O tempo todo pensava no que queria fazer da vida.

Aos poucos, o bichinho da produção picou-o novamente. Ele não queria se matar trabalhando oitenta horas por semana como antes, mas sentia falta do processo criativo envolvido em projetar e executar serviços de iluminação.

Deu uns telefonemas e encontrou um equipamento usado que podia alugar. A volta à ativa começou devagar — tinha um grande trabalho agendado para o dia seguinte ao Onze de Setembro, que foi cancelado —, mas aos poucos seu talento foi lhe rendendo fama, o que possibilitou que formasse uma nova carteira de clientes.

Dessa vez, teve mais cuidado. Hoje o trabalho de produção o mantém ocupado, com idas frequentes a Nova York, ao Arizona e ao exterior, mas ele não contratou ninguém e tenta não ficar sobrecarregado. Sua arriscada decisão de dar um salto no escuro compensou. Agora, como não está sempre atarefado e estressado, redescobriu a alegria e a satisfação que no passado encontrava no trabalho.

Como ser um bom avaliador de risco

Por que as pessoas não buscam com mais frequência uma vida de liberdade e independência? Não acho que seja por preguiça, pelo menos no caso da maioria. O mais provável é que não saibam como fazer isso. Acham que é muito difícil ou arriscado. Têm medo. Não conhecem um caminho passo a passo para trilhar. Mas a verdade é que muitas oportunidades de carreira — e de vida — (ou pelo menos aquelas que valem a pena) envolvem certa dose de sorte.

E se aparecer uma oportunidade que não é de todo segura, mas com alta probabilidade de êxito? Se as chances de sucesso em alguma empreitada interessante fossem de 100%, é claro que você não pensaria duas vezes. Mas se as chances fossem menores — só 2% ou 10% — você provavelmente diria "Não, obrigado" na mesma hora. A coisa se complica quando as chances de sucesso estão entre o "muito improvável" e o "quase certo". O grau de tolerância varia de pessoa para pessoa, mas sempre existe uma faixa de risco diante da qual temos de pensar muito antes de aproveitar uma oportunidade ou tomar uma decisão sobre a carreira.

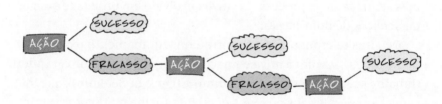

Há quem tome decisões com base num método apenas matemático, tentando determinar o grau exato de sua tolerância ao risco. Por exemplo: "Se houver 70% de chance de êxito, estou disposto a correr o risco. Aceito uma probabilidade de 30% de fracasso". Mas a maioria não decide de maneira tão objetiva. Sem uma bola de cristal, fica muito difícil descobrir a real probabilidade de sucesso ou fracasso. Como jogadores diante dos caça-níqueis, recorremos à emoção, ao contexto da situação, a uma prova de coragem para julgar o acerto de nossa decisão. Como não temos a informação completa, somos propensos a tomar decisões na incerteza. Falando claramente, não sabemos o que nos espera.

Na falta de uma bola de cristal, a única solução para esse problema é ser um bom avaliador de riscos. Não é tão difícil quanto parece. Diante de uma decisão importante, basta ter em mente dois princípios: identificar os perigos e não tomar decisões com base no medo de errar.

1. Identifique os perigos

Se você for o tipo de pessoa que tende a se preocupar demais, chegou a hora de usar isso a seu favor. Se não for, dedique mesmo assim alguns minutos para fazer uma lista de tudo o que pode dar errado em qualquer mudança, risco ou oportunidade. Em muitos casos, você vai descobrir que os maiores perigos não são questão de vida ou morte nem sequer têm muita possibilidade de ocorrer. Mesmo quando a aposta é alta e as consequências são sérias, o fato de saber o que vem pelo caminho pode lhe dar segurança para ir em frente ou a sensatez de retroceder caso seja mesmo muito arriscado.

2. Não tome decisões com base no medo de errar

Imagine que você esteja procurando emprego e recebe uma proposta logo depois da primeira entrevista. O mais provável é que isso gere uma sensação de satisfação e até um pouquinho de orgulho. Mas pode ser também que você duvide que essa seja a oportunidade perfeita ou ache que pode haver algo melhor dando sopa em outro lugar. O medo de errar pode fazer com que continue procurando ou demore muito para aceitar a proposta inicial.

Imagine agora que a situação seja outra: você fez *cinquenta* entrevistas e não recebeu uma só proposta. Na 51ª entrevista, o diretor de RH telefona e lhe oferece o emprego. Mesmo que as condições não sejam muito favoráveis e o trabalho não agrade muito, o mais provável é que você aceite (talvez de imediato). Nada mais deu certo, então o melhor é aceitar a proposta e ficar satisfeito com ela.

Nesses exemplos, o primeiro emprego poderia ser perfeito para você, e o segundo, um desastre. Mas como em geral tomamos decisões com base no medo ou numa sensação de falta de opções, às vezes nos sentimos fadados a uma sequência de acontecimentos muito distante da ideal. Tomando decisões racionais com base na informação de que dispomos, nos tornaremos cada vez mais capazes de avaliar corretamente os riscos.

O jogo da velha na estratégia profissional

O jogo da velha é um jogo de informação perfeita. Nos jogos de informação perfeita, tudo o que é possível saber sobre a disputa está exposto. Não há informação oculta, como acontece, por exemplo, no pôquer, em que os jogadores escondem suas cartas uns dos outros.

No jogo da velha existe também uma estratégia ideal: se você jogar bem, é impossível perder. Você ganha ou empata. Se jogar com alguém que conheça a estratégia e nenhum dos dois cometer erros, vocês sempre empatarão.* Em outras palavras, ao contrário do pôquer, o jogo da velha é de risco muito baixo.

O xadrez também é um jogo de informação perfeita. Não há peças escondidas. Os dois jogadores, assim como a plateia, podem ver o tabuleiro o tempo todo e saber tudo sobre a posição (e a relativa força ou debilidade) de cada lado. Mas, ao contrário do que acontece no jogo da velha, no xadrez não há uma estratégia ideal. Na verdade, há literalmente milhões de maneiras de ganhar — ou perder — uma partida. O xadrez, como a vida, tem mais a ver com a capacidade de prever os movimentos do oponente e reagir a eles do que com a memorização de uma estratégia. Embora os bons jogadores usem

---

* Para saber como ganhar ou empatar sempre no jogo da velha, veja o Apêndice 3.

subterfúgios para dissimular a linha de ataque escolhida, toda informação necessária para desvendá-la está à disposição também de outros bons jogadores, o que faz do xadrez um jogo difícil de ganhar e muito mais arriscado.

Jogo da velha: informação perfeita, estratégia ideal (jogo fácil, baixo risco).

Xadrez: informação perfeita, múltiplas estratégias (jogo difícil, alto risco).

Pôquer: informação imperfeita, múltiplas estratégias (dificuldade variável, alto risco).

No jogo que consiste em encontrar o trabalho feito sob medida para você, grande parte da informação é imperfeita. Você só ganha se aplicar uma estratégia que funcione mesmo levando em conta a pouca informação. Na segunda parte deste livro, vamos analisar um catálogo de opções específicas — todas as maneiras pelas quais você pode pôr essa lógica em prática. Por enquanto, continuaremos oferecendo mais ferramentas para ajudá-lo a administrar os inevitáveis riscos desconhecidos encontrados no caminho que conduz ao emprego de seus sonhos — e a se proteger deles.

Se o plano A falhar, não esqueça que ainda restam 25 letras

Vanessa Van Edwards tinha um recado para o mundo. Especializada em psicologia social, passava os dias criando cursos sobre persuasão e influência nos negócios. As coisas estavam indo bem, mas ela logo quis expandir seu público. Interessou-se por uma possível parceria com a CreativeLive, uma plataforma virtual sobre estilo de vida e trabalho. Vanessa tinha muitos amigos que davam cursos no CreativeLive, portanto poderia facilmente pedir para ser apresentada às pessoas que tomavam as decisões. Mas não foi isso que ela fez.

Em vez de procurar um dos produtores ou executivos da Creative-Live, ela preferiu outro caminho. Escreveu para o e-mail de suporte ao cliente do site, explicando por que seu curso seria útil.

De início, essa estratégia parece arriscadíssima. Escrever às cegas, sem nenhuma apresentação, para um endereço de e-mail que serve para tudo e provavelmente recebe um monte de ofertas publicitárias? Era o equivalente na internet de um telefonema comercial para um número aleatório. Com certeza as possibilidades de sucesso eram muito reduzidas, se não inexistentes.

Por outro lado, a esperteza de Vanessa também era inquestionável. Na linha do assunto da mensagem, escreveu uma frase inesquecível: "É assim que vou fazer vocês ganharem muito dinheiro". No corpo do e-mail, incluiu um link para uma apresentação de slides que explicava em detalhes por que sua proposta de curso era adequada para a empresa. Especialista em persuasão, Vanessa usou toda a sua habilidade para defender seu propósito e assim aumentar as chances de que os executivos da empresa que lessem o e-mail dissessem um sim.

A técnica funcionou. O curso de Vanessa acabou se tornando um dos mais rentáveis da CreativeLive — o que não é pouco, já que há centenas de opções de aulas ministradas por especialistas e ótimos professores. Porém, pelo menos para mim, esse não é o aspecto mais interessante da técnica usada por ela. Vanessa me contou essa história enquanto tomávamos um café, e eu não conseguia deixar de pensar no caminho que ela havia escolhido para o lance inicial. Foi um ato de coragem, sem dúvida, mas me parecia também desnecessariamente arriscado.

"Por que não se apresentar com uma referência?", questionei. Isso não teria aumentado as chances de a proposta chegar à pessoa que de fato toma as decisões, em vez de ser relegada à caixa de spam ou ser deletada por um estagiário?

A resposta dela foi bem interessante. Com esse caminho, ela pretendia ganhar apoio para seu curso em toda a empresa, e não só na sala do presidente. Estava procurando uma parceria real para o projeto e queria que o pessoal que pega no pesado soubesse quem era ela. (Um produtor experiente da CreativeLive confirmou que foi exatamente isso o que aconteceu: "Vimos o e-mail de Vanessa passando por toda a hierarquia da empresa, de departamento em departamento".)

Mesmo assim, insisti — por que correr o risco de uma rejeição imediata?

A essa pergunta, Vanessa deu outra resposta rápida: "Pensei nisso. Se o e-mail não desse certo, eu teria recorrido a uma recomendação". Foi aí que entendi: na verdade, *não havia* risco nenhum. A abordagem inicial tinha sido apenas seu plano A, e havia uma lista de planos contingenciais prontos, no caso de um eventual fracasso. Em outras palavras, mesmo que o e-mail comercial fosse sua melhor cartada, ela não dependia só disso. Se não desse certo, era só mudar de tática.

Quando comecei minha atividade empresarial, dizia sempre: "Nada de plano B! Plano B é para os fracos!". Mas agora sei que essa não é a melhor postura. O plano B não nos torna mais fracos; na verdade, ele nos permite correr mais riscos.

Como fazer um plano B: o método "se isto, então aquilo"

Programadores e contadores usam proposições do tipo "se-então" para dizer aos programas de computador como processar a informação. Se certo ato se revela correto, executa-se outro ato. A lógica do "se-então" é também a base do raciocínio dedutivo na vida diária:

Se você fechar a torneira, então a água vai parar de correr.

Se sair sem guarda-chuva, então vai se molhar.

Se tomar café demais, então vai passar mal.

Os melhores programadores tentam criar opções à prova de erro para o caso de alguma coisa não sair conforme o previsto. No planejamento urbano de Tóquio, por exemplo, usa-se esse método para determinar como redirecionar os passageiros do sistema de transportes com a menor dificuldade e o menor atraso possíveis no caso de uma linha do metrô parar de funcionar.

Você pode aplicar o raciocínio do tipo "se isto, então aquilo" ao planejamento de sua carreira. Analise o exemplo de Vanessa, que mandou um e-mail comercial ao escalão inferior da empresa em vez de ir direto ao topo por meio de uma recomendação.

Objetivo: Ter todos os integrantes da empresa entusiasmados com seu curso.

Plano A: Mobilizar o escalão inferior e esperar que chegue ao topo.

Plano B: Pedir uma recomendação.

É assim que a equação "se-então" de Vanessa deve ter sido:

Se atingir o escalão inferior fizer com que o alto escalão se entusiasme com o curso, então é sair para o abraço.

Se atingir o escalão inferior não fizer com que o alto escalão se entusiasme com o curso, então vou pedir uma recomendação.

Da próxima vez que você se lançar a uma manobra ou empreendimento de risco, sente-se e esboce sua equação "se-então". Não esqueça que *sempre* pode haver um plano B. Se o plano A furar, você ainda tem as 25 outras letras do alfabeto às quais recorrer.

Tenha uma política de segurança profissional

Se você tiver em casa um detector de fumaça, provavelmente seria bom que verificasse a carga das pilhas. Se tem filhos ou outros dependentes, pode querer ter um seguro de vida para o caso de um acidente acontecer. E, qualquer que seja sua situação doméstica, costuma ser recomendável manter um fundo de emergência ou uma poupança equivalente pelo menos à despesa de três meses. São apenas três exemplos de medidas de segurança comuns que as pessoas usam para se proteger em caso de morte, desastres ou má sorte.

Mas segurança não se refere apenas a dinheiro; é também um sentimento. Da mesma forma que tenta garantir algum tipo de segurança financeira, como manter uma poupança, você deveria tomar medidas para desenvolver o sentimento de segurança que vai lhe permitir correr mais riscos na busca de seu bilhete premiado na loteria da carreira.

Você pode fazer isso desenvolvendo um "seguro de carreira" com as dicas a seguir.

Tenha mais de uma fonte de renda. Mesmo que não queira ser um empreendedor nem um magnata imobiliário, ter rendimentos regulares provenientes de mais de uma fonte talvez seja a melhor maneira de reduzir riscos. Mais adiante, vamos explorar a ideia de "atividade paralela", com a qual você cria fontes de renda adicionais mesmo tendo um emprego principal.

Mantenha suas despesas abaixo de seus rendimentos. Há um antigo provérbio sobre a felicidade que diz: se seus rendimentos forem maiores que suas despesas, você será feliz qualquer que seja o dinheiro que ganhe. Da mesma forma, se suas despesas forem maiores que os rendimentos, você será infeliz qualquer que seja o dinheiro que ganhe. Pode até ser uma simplificação exagerada, mas controlar de perto o quanto se gasta em relação ao que se ganha é um bom conselho. Quando seus rendimentos aumentam, você tende a gastar mais — e isso não é necessariamente ruim. O segredo é sempre ter certeza de não gastar mais do que ganha.

Mantenha boas relações com todos. Muito tempo atrás, Stephen Covey escreveu sobre o conceito de "conta bancária emocional", na qual você faz depósitos para as demais pessoas sendo amável, prestativo e disponível. Como os relacionamentos são sempre seu bem mais valioso, reserve um tempo de vez em quando para pensar de que modo pode ser melhor como amigo e colega.

O uso correto das redes sociais pode inclusive ajudá-lo a se comunicar melhor com amigos e colegas. As redes sociais em si não são bem um plano de segurança, mas não é interessante para você se tornar um eremita virtual se quiser progredir na carreira. Não abra perfis numa porção de sites que não pretende manter atualizados; em geral, é melhor manter um perfil ativo em poucos lugares. (Leia mais sobre o uso eficiente das redes sociais nas páginas 191-8.)

Escolha os números certos

A competência de Steve Harper ajudou-o a se tornar "o cara" na área de grandes eventos, mesmo depois da arriscada manobra de desmontar seu negócio sem nenhum plano do que fazer depois. E, como ele tinha poupado algum dinheiro gastando menos do que ganhava quando trabalhava sem parar, pôde contar com a segurança financeira que lhe permitiu dar um tempo para decidir como ia encaminhar sua vida. Era inteligente e criativo, mas também altamente confiável — características que nem sempre andam de mãos dadas no mundo do entretenimento.

Vanessa Van Edwards ousou ignorar o caminho convencional de conseguir uma indicação em vez de se arriscar por conta própria. Teve sorte, e a aposta compensou. Mas, ainda que isso não tivesse ocorrido, ela teria apelado para o plano B, e provavelmente também teria saído vitoriosa.

Como você se torna uma pessoa de sorte? Segundo uma velha crença, a sorte é previsível, e para tê-la em maior quantidade é preciso criar mais oportunidades. Vamos ajustar isso um pouquinho: para ter mais sorte, é preciso criar *melhores* oportunidades. Lembre-se de que não é apenas um jogo de números — trata-se de administrar o risco, escolhendo os números certos desde o início.

"Se quiser criar qualquer tipo de arte, você tem de se lançar ao trabalho — e, antes de mais nada, precisa fazer isso por você mesmo. Ficar sentado dizendo 'Um dia desses eu começo' não leva a nada. Agi assim durante muito tempo. O primeiro passo é estar pronto para a ação. Meu mantra agora é: 'Feito é melhor que perfeito'."

Leonie, 47 anos, artista plástica

CAPÍTULO 4

Rompa as barreiras

OBJETIVO: Aprimorar as habilidades certas

Fugir da prisão — seja ela real ou um cubículo delimitado por divisórias — obrigará você a pensar de outra forma e a usar um conjunto novo de ferramentas. A maior parte das universidades não forma ninguém na arte de fuga, e, mesmo que você esteja saindo de um cargo de diretoria, ninguém vai lhe entregar uma chave para a liberdade. Como numa prisão, você terá de se virar por conta própria.

Daniel Vlcek teve a ideia de fazer alguma coisa legal pela equipe de cinquenta pessoas que coordenava numa empresa de administração de imóveis no Colorado. Numa reunião de orçamento com sua chefe e outros gerentes, pediu uma verba de 2 mil dólares para comprar pizza e sorvete para uma festinha na tarde da sexta-feira algumas vezes por ano.

"De jeito nenhum", disse a chefe. "Não podemos arcar com essa despesa."

Daniel sabia que não era verdade: a empresa era bastante lucrativa, com uma folha de pagamento na casa de 1 milhão de dólares por ano.

Os 2 mil dólares eram um preço irrisório a pagar para recompensar sua equipe, que trabalhava muito durante a alta temporada turística.

Essa conversa foi a última de uma série de embates frustrantes que Daniel teve com sua chefe. No dia seguinte, ele entrou na sala dela com uma carta de demissão e uma declaração ousada: "Tive uma grande ideia para nos ajudar a economizar. Vou embora".

Mesmo no momento em que essas palavras saíam de sua boca, Daniel não estava pensando em sair *de imediato*. Achou que a ameaça de demissão, como forma de solidariedade à sua equipe, o tornaria respeitado e faria a chefe mudar de ideia. Infelizmente não foi o que aconteceu. Ela aceitou a demissão sem objeções. Ele então pegou seu carro e foi até o lago — lugar que o ajudava a pensar melhor — para decidir o que faria.

Daniel tinha imigrado para os Estados Unidos vindo da República Checa mais de dez anos antes. Era eletricista e tinha mestrado em marketing, mas não falava inglês ao chegar ao Colorado. Trabalhou como faxineiro enquanto aprendia e com o tempo foi sendo promovido até chegar à coordenação da equipe de trabalho — mas sabia que trabalhar para um patrão, ainda que num cargo gerencial, não era seu objetivo final.

Mais ou menos nessa época, aconteceram duas outras coisas que deram forma a seu futuro. Um universitário que estagiou na empresa durante as férias voltou aos estudos e ao sair deu de presente a Daniel um livro sobre liderança. De início, Daniel tomou aquilo como um insulto —"Talvez com isso ele quisesse dizer que eu precisava de ajuda" —, mas, depois de abrir o livro, ficou intrigado.

O objetivo de crescer como líder coincidia com outra coisa que ele sabia que queria: liberdade e flexibilidade. O dono da empresa tinha acabado de voltar de uma viagem de algumas semanas no Arizona, sem nenhuma obrigação além de jogar golfe. "Ele pôs a mão em meu ombro", contou Daniel, "e disse: 'Bom trabalho'. Depois entrou em seu Porsche e foi embora." Para Daniel, poder ir embora para jogar golfe quando quisesse era uma vida bem boa.

O importante, na verdade, não era o carrão, nem ser sócio de um elegante clube de golfe, mas a *liberdade de escolha*. Daniel também desejava isso, além de querer atender à clientela melhor do que achava que a empresa vinha fazendo.

Depois de perder o emprego, passou algumas semanas ocupando-se das coisas da casa, mas logo começou a se sentir insatisfeito. Por fim, criou coragem e saiu para visitar uma vizinha. Ela dispunha de uma propriedade para alugar, e ele se ofereceu para remover a neve do jardim, limpar a casa e fazer o que mais ela precisasse por uns trocados. Era um trabalho insignificante e não muito bem pago — mas ela concordou, e a resposta positiva foi animadora.

Revigorado com o pequeno êxito, ele decidiu dar o pontapé inicial no projeto que tinha guardado bem no fundo da cabeça: administrar imóveis de aluguel. Conseguiu o endereço de cem proprietários locais e escreveu um cartão oferecendo seus serviços. "Ia levar tempo", disse ele, "mas tempo não me faltava."

Recebeu uma única resposta, que chegou com um contrato para a prestação do serviço. Ele tinha conseguido um cliente!

Mais tarde, refletindo sobre o fato, Daniel avaliou a experiência do cartão. O retorno de 1% de seu investimento não era grande coisa, mas ele tinha partido do zero e chegado a um resultado. Em suma, estava contente.

Embora ainda tivesse muito tempo livre, decidiu não escrever outros cem cartões. Sua tentativa seguinte de conseguir clientes foi por meio de mensagens de texto enviadas para os telefones de outro grupo de proprietários de imóveis. Daniel era avesso a ligações comerciais não solicitadas, mas achou que uma rápida mensagem de texto não faria mal.

Essa campanha lhe trouxe mais dois clientes, e ele parou para pensar. Em poucos meses, tinha conseguido chegar a uma renda anual de 27 mil dólares. Embora não seja uma quantia astronômica para as caríssimas estações de esqui do Colorado, Daniel a considerou fantástica para uma pessoa que estava começando seu negócio.

Melhor ainda, isso lhe proporcionou a flexibilidade e a liberdade que sempre quis. Pai de três filhos, Daniel começou a planejar seus dias em função deles, levantando-se cedo para trabalhar, levando-os para a escola antes de outro período de trabalho e depois acompanhando-os à pista de esqui das duas às quatro da tarde quase todos os dias. Assim como vários outros empresários sempre ocupados, ele descobriu que não estava necessariamente trabalhando menos, e sim *melhor*, e em seus próprios termos.

Um ano depois, já com uma boa carteira de clientes, começou a contratar pessoas para ajudá-lo. Sua aspiração de longa data é ter um hotel, mas, se isso não acontecer por enquanto, sem problemas. "A vida está mil por cento melhor", disse ele. "Que bom que minha chefe não quis comprar pizza para a equipe, porque agora eu mesmo posso fazer isso." Pela primeira vez em sua vida profissional, ele se sentia um homem livre.

Você está preso. O que vai fazer?

Hoje em dia, a ilha de Alcatraz é uma prisão turística, à qual se chega depois de uma dispendiosa viagem de barca que parte do Fisherman's Wharf, em San Francisco. Pela módica quantia de 45 dólares — provavelmente mais no momento em que você estiver lendo este livro —, pode-se visitar a ilha onde Al Capone esteve preso e conhecer sua história como prisão federal.

Mas até 1963, quando a cadeia foi desativada, para chegar a Alcatraz era preciso algo mais que um cartão de crédito e um documento com foto. Era preciso ser um criminoso consumado, tido como de alto risco quanto a tentativas de fuga, em geral para cumprir uma longa sentença sem possibilidade de liberdade condicional. A prisão era considerada de segurança máxima e à prova de fugas, e você provavelmente sabe o que aconteceu. Da mesma forma que o *Titanic* foi o navio à prova de naufrágio que afundou no Atlântico, Alcatraz foi a prisão inviolável que serviu de palco para uma das maiores fugas da história. Na noite de 11 de junho de 1962, três prisioneiros decidiram dar adeus a Alcatraz. Tinham passado um ano cavando buracos com colheres nas paredes de suas celas, que davam para um corredor de serviço. Concluída a escavação, eles se lançaram ao mar num barco inflável construído com argamassa colante e capas de chuva. Tinham fugido já fazia quase oito horas quando alguém se deu conta, e nunca foram recapturados.

E se *você* estivesse preso na ilha de Alcatraz — e em uma situação ainda pior? Vamos supor o pior dos cenários: você foi condenado a prisão perpétua por um crime que não cometeu. Não há possibilidade de apelação. O tempo está passando e você tem apenas duas opções. Pode aceitar seu destino e pagar por um crime cometido por outra pessoa, ou pode tentar uma fuga. Claro que vai tentar fugir! Mas como?

Sendo inocente, você não tem muita experiência na vida do crime. Mas na prisão tem muito tempo para pensar, e passa os dias elaborando um plano de fuga. A primeira coisa que você descobre é que seu plano exige diversas habilidades. Talvez o seu diploma em administração tirado nos tempos de liberdade possa lhe valer um trabalho na área administrativa, que vai lhe permitir reunir recursos e se familiarizar com todas as rotas de fuga possíveis. Depois você pode precisar fazer cópia de uma chave, usando o sabão da cadeia e seja lá o que for que tenha em sua cela, o que vai exigir a reativação de conhecimentos adquiridos em seus dias de escoteiro e há muito esquecidos.

Também pode precisar usar de tato social, fazendo o possível para ter um guarda do seu lado, ou pelo menos conhecer seus hábitos e padrões de comportamento. Espera não ter de recorrer à violência — você só quer ir embora! —, mas talvez deva treinar alguma arte marcial para se defender no caso de ser atacado.

A questão é que, para fugir da prisão, seja ela real ou sua equivalente profissional — o cubículo delimitado por divisórias —, você precisará pensar de outra forma e empregar ferramentas e técnicas diversas. A maior parte das universidades não oferece bacharelado em fuga de cadeia e, mesmo que sua prisão seja corporativa, ninguém vai lhe entregar uma chave para a liberdade. Como na prisão, você vai ter de se virar.

A arte de transformar aptidões

Depois que sua carta de demissão foi aceita de forma inesperada, Daniel ficou desempregado e à deriva. Sentou-se à beira do lago para pensar em seus sonhos e em suas aspirações, mas também pensava nas coisas em que era bom. Foi essa combinação que o levou a uma resposta.

Trabalhando com milhares de pessoas que conseguiram fugir de sua prisão, pude observar que elas se colocam em melhores condições para o sucesso quando se concentram não apenas em melhorar suas qualificações, mas em aprimorar as habilidades *certas*. Em geral têm em mente dois fatos importantes. O primeiro é que *todo mundo é bom em alguma coisa*. Quase sempre, essa "alguma coisa" nada tem a ver com o que foi aprendido na escola, ou com o que se vem fazendo por anos a fio em um emprego convencional. Todo mundo tem outra qualificação ou fonte de conhecimento, talvez oculta ou sem uso habitual, que pode ser descoberta e transformada num objetivo profissional diferente e mais rentável.

O segundo fato importante é que, *se você for bom em alguma coisa, provavelmente será bom em outra*. Mesmo que sua qualificação formal possa não ser muito relevante na busca de liberdade, com o tempo ela deve ter lhe proporcionado a aquisição de técnicas que podem ser reposicionadas ou reutilizadas. A qualificação mostra que você é capaz de seguir orientações (bom trabalho!). Mas seguir orientações quase nunca leva à liberdade. A qualificação mostra que você é capaz de fazer alguma coisa, e será a chave do sucesso e da felicidade em sua vida pós-prisional.

Encontrar a liberdade exige o abandono da linha de raciocínio que trouxe você até onde está. É aí que entra o aperfeiçoamento das qualificações certas.

O INSTRUTOR DE IOGA AUTODIDATA

Hoje em dia, é mais fácil do que nunca aprender sozinho as habilidades de que você precisa para avançar em sua carreira. Veja por exemplo a história pouco convencional de uma fonte que pediu para permanecer anônima:

"Eu era personal trainer, portanto sabia bastante sobre o corpo humano. Mas não sabia muita coisa sobre a ioga, e a ideia de fazer um curso de duzentas horas de duração não me atraía nem um pouco. Procurei minha locadora — eram tempos em que isso existia — e peguei todos os DVDs sobre ioga que pude encontrar. Entrei no site da Amazon e encomendei mais uma dúzia de vídeos. Passei uma semana vendo todos eles e anotando minuciosamente a terminologia e as posições.

"Esse foi todo o meu treinamento. Comecei a ensinar na semana seguinte, e entrei na sala tentando esconder o nervosismo. Mas deu certo! Minha primeira aula foi bem, e continuei dando três aulas por dia, cinco vezes por semana. Ganhei prêmios como instrutor e nossa academia está sempre lotada. O mais engraçado é que as pessoas pedem para ser qualificadas como instrutora por mim. Sempre que pedem, lembro-me da minha incursão na locadora, o que me faz rir."

Conclusão: existe sempre mais de um jeito de obter a qualificação de que você precisa.

Entender e reposicionar suas habilidades

Em todo bom filme sobre fuga de prisão, existe um astro e um elenco de apoio. O astro — que, claro, é inocente — é acompanhado por um grupo heterogêneo de cúmplices que se oferecem para ajudar (e às vezes atrapalhar) na tentativa de fuga do herói. Em geral, cada cúmplice tem uma habilidade especial. Há um ferramenteiro que trabalha com o equipamento elétrico e sabe consertar qualquer coisa. Tem o cara formado em farmácia que pode conseguir soníferos para pôr no café do guarda-noturno. Tem o baixinho e magrinho capaz de se meter em espaços estreitos.

Muitas dessas capacidades não são intercambiáveis, nem podem ser aprendidas com facilidade. Se você não souber provocar um curto-circuito na rede elétrica do presídio para desligar as luzes na torre da guarda, é improvável que aprenda a fazer isso em pouco tempo. Para a maior parte das pessoas, é difícil ter acesso a um estoque de produtos farmacêuticos. E ser baixinho e magrinho é uma questão genética, não algo em que você possa se transformar.

Portanto, antes de aprimorar suas qualificações e adquirir novas habilidade (um pouquinho de cada uma), vale a pena entender bem quais são as qualificações que você já tem.

Há livros, testes e cursos pensados para ajudar as pessoas a identificar e relacionar as coisas que sabem fazer bem. Mas para que complicar — você se conhece, certo? Eis uma alternativa simples.

1. Escreva uma lista das coisas que sabe fazer bem. *Crie um inventário das coisas que você faz. A lista pode incluir:*

- Habilidades que você adquiriu na faculdade ou em cursos superiores.
- Habilidades que você adquiriu com um dos pais ou outra figura paterna/ materna.
- Habilidades que você adquiriu no trabalho ou ao longo da carreira.
- Habilidades que você adquiriu sozinho, por meio de livros, artigos, cursos on-line ou simplesmente por tentativa e erro.

No capítulo 2, você conheceu a engenheira Angela, que era boa em desenho industrial e descobriu como pôr sua capacidade a serviço do meio ambiente, numa empresa com visão de futuro. No capítulo 3, conheceu também Steve Harper, o coordenador de produções artísticas. Steve aprendeu desde cedo que o que ele gostava mesmo de fazer era projeto de som e iluminação para shows e espetáculos, e com isso construiu uma sólida carreira. Cada uma dessas habilidades é valiosa e até certo ponto exclusiva. Mesmo que suas qualificações não sejam muito especializadas, o segredo está em fazer um inventário simples de todas elas.

2. Anote pelo menos uma coisa que você detesta e não sabe fazer bem. Assim como fugir da cadeia com sucesso exige o conhecimento de nossas habilidades, é importante também conhecer nossos pontos fracos. Por exemplo, se você for péssimo em tecnologia, tentar invadir e desarmar o sistema de alarme da prisão não deve ser o melhor método de fuga.

Sua maior debilidade provavelmente nunca vai se transformar numa força, em especial se não for algo que você tenha desejo de melhorar. No meu caso, detesto configurar qualquer dispositivo mecânico. Se nós dois fôssemos fugir juntos da cadeia, eu não seria o faz-tudo.

Em resumo, com essas duas listas, seu objetivo é se concentrar naquilo que precisa ser melhorado — e atenção, não precisa ser necessariamente aquilo que você não faz bem.

FAÇA SUA PRÓPRIA CONTAGEM REGRESSIVA

Os últimos anos da carreira aeroespacial de meu pai não foram tão divertidos quanto os anteriores. Pode ter sido por minha culpa: eu não estava mais por perto para ajudar a testar o ônibus espacial ou para infernizá-lo até que me levasse ao Burger King. Finalmente ele se aposentou e começou uma nova fase, escrevendo romances e contos de mistério. Antes de empacotar tudo o que havia em sua mesa e transferir para um escritório à beira da praia, ele criou uma planilha que mostrava o número de dias que faltavam para sua aposentadoria.

Isso logo se tornou assunto de conversa à mesa do jantar: "E aí, pai, quanto tempo ainda tem de trabalhar?", eu perguntava. Ele respondia qualquer coisa como "Hum, não sei direito... bem, acho que sei. Parece que faltam 673 dias e quatro horas". Soldados em missões prolongadas também fazem isso, uma contagem regressiva do tempo que falta para o dia exato da planejada saída.

Se você estiver numa situação parecida, seja preso a um cubículo, mobilizado para o serviço militar ou aprisionado de qualquer forma, faça sua contagem regressiva. Você pode ter uma planilha como a de meu pai, usar um aplicativo em seu telefone (há diversos deles oferecidos de graça), ou simplesmente ir marcando os dias num calendário.

Não tem prazo certo para consumar a fuga? Estabeleça um. Decida por si mesmo qual será o dia D, e faça o que puder para alcançá-lo. Seja como for, conte os dias e se prepare para a liberdade!

Aprimore as habilidades certas

Muita gente, quando se trata de "aprimorar habilidades", pensa em coisas como aprender a fazer planilhas ou a conjugar verbos irregulares numa língua estrangeira. De modo geral, porém, essas coisas não ajudam a fazer grandes avanços na vida profissional.

Se o objetivo é se livrar de um emprego que você detesta e encontrar o trabalho de seus sonhos, é preciso fazer rápidos avanços nas habilidades certas. Elas se dividem em duas grandes categorias. Na sua área específica, há técnicas diretamente relacionadas ao trabalho que você exerce. Exemplos disso são: um tipo de software que você precisa dominar, ou qualquer tipo de saber operacional prático que seu emprego exija. Vamos chamá-las de "técnicas rígidas" — elas não são coisas que a maior parte das pessoas aprende, mas são importantes para aquilo que você faz.

Outras técnicas são mais universais, ou pelo menos têm aplicações mais amplas. Vamos chamá-las de "técnicas flexíveis", porque são úteis para qualquer coisa que você faça na vida e no trabalho.

Aprimorar as técnicas flexíveis vai fazer de você um funcionário melhor, um candidato com mais chances de conseguir um emprego e um porta-voz de si mesmo mais confiante. Não há nenhuma razão para não melhorar essas técnicas, pelo menos para a maior parte das pessoas. Mais uma coisa: em geral, as técnicas flexíveis não são aprendidas em sala de aula, e sim no mundo real. O lado bom disso é que, ao contrário das técnicas rígidas, que normalmente devem ser ensinadas por um especialista, as técnicas flexíveis podem ser adquiridas por conta própria.

1. Melhore sua redação e seu discurso

Não é preciso ser escritor profissional para tirar proveito de escrever bem, e pelo menos de vez em quando quase todo mundo se vê numa situação em que precisa se expressar de forma mais bem articulada. Para escrever melhor não basta usar uma gramática e uma ortografia impecáveis (escritores profissionais também usam corretor de texto). Para melhorar sua redação, lembre-se de que todo texto deve ser essencialmente persuasivo. Assegure-se de que o texto contenha um chamado à ação. Pergunte a si mesmo "O que quero que as pessoas *façam* depois de ler isto?".

Outra característica do bom texto é ser capaz de prender a atenção. Mesmo quando se escreve um relatório corporativo, é provável que exista uma maneira de mobilizar a atenção do leitor. Seja sucinto e tente escrever algo interessante, seja qual for o tema. Um pouquinho de humor ajuda, assim como casos breves e historinhas. Antes de mandar um memorando importante, leia-o em voz alta.

Quanto a técnicas de oratória, uma boa fonte são os clubes Toastmasters International (presentes em mais de cem países). Observe que o estilo praticado em grupos como os Toastmasters não será necessariamente o usado para falar em público em seu trabalho, mas vai ajudar você a ganhar confiança e a aprender como apresentar um ponto de vista para o qual quer conquistar apoio. Se não houver nenhum desses clubes perto de você, procure fazer mais intervenções nas reuniões de trabalho, frequente reuniões de associações de moradores e peça a palavra, ou faça uma apresentação na escola de seu filho — desde que tenha algo a dizer, é claro. Conte histórias que ilustrem um princípio e, se vai falar durante mais de um ou dois minutos, decida de antemão quais serão a primeira frase e a última. O segredo é aprender a se sentir mais à vontade e espontâneo ao falar em público.

Seja qual for o seu tipo de trabalho, é essencial ser capaz de construir uma argumentação convincente. As lições tanto para escrever como para falar bem são: seja persuasivo, seja interessante, seja seguro e faça com que os ouvintes fiquem do seu lado.

2. Aprenda a negociar

Negociar não é apenas para diplomatas ou vendedores de carros. A arte da negociação consiste em encontrar soluções boas para ambas as partes, dentro ou fora do local de trabalho. Muita gente pensa que o objetivo da negociação é chegar ao melhor acordo possível para si — mas as coisas não são bem assim, pelo menos não a qualquer preço. Você quer advogar a seu favor e chegar a um bom acordo, claro, mas também quer que a outra parte se levante da mesa satisfeita.

Numa viagem à China há alguns anos, observei que existe uma linha tênue entre o bom negociador e o inconveniente. Se eu aceitasse o preço pedido na feira sem pechinchar, era tido por fraco e ingênuo.

Na China, como em muitas outras culturas, o primeiro preço nunca é o preço final. Você tem de estar sempre preparado para fazer uma contraproposta. Mas, se eu discutisse muito, o comerciante poderia se sentir insultado e desistir da negociação. O segredo para conseguir o que eu queria era me manter sobre aquela linha tênue — ser assertivo, mas não agressivo a ponto de afastar as pessoas. Essa regra prática se aplica a quase todas as situações em que o objetivo é convencer outra pessoa a ceder em algo que se queira.*

Para melhorar suas técnicas de negociação, leve em conta o clássico conselho do jogo de pôquer. Não se trata apenas de jogar bem; trata-se, antes de tudo, *de saber em qual mesa jogar*. Tente compreender com clareza o que espera alcançar, assim como o que a outra parte espera obter. Jogue com sensatez e guarde sua melhor aposta para a ocasião mais propícia.

3. Melhore sua capacidade de dar sequência e finalizar

As pessoas de sucesso, qualquer que seja sua área, sabem dar sequência e finalizar o que começam. Se você já esteve numa reunião em que foram discutidas uma porção de boas ideias mas nada aconteceu depois, detectou uma grande oportunidade de pôr em uso essas capacidades. Apresentar ideias é fácil; o que conta é colocá-las em prática.

Tomar nota das coisas é uma das formas mais elementares de melhorar sua capacidade de dar sequência e finalizar. É quase impossível reter na memória tudo o que é necessário, e o simples ato de tentar se lembrar das coisas com precisão absoluta representa um dispêndio de energia. Mas não tome nota apenas de suas ações imediatas: determine também um prazo para executá-las. Dar sequência é inútil sem a finalização.

---

* Se alguma vez você for a um mercado chinês, vai perceber que os comerciantes, por sua vez, se mantêm no limiar que separa o lucro do roubo. Eles também precisam negociar bem para ter sucesso a longo prazo.

Há muitos métodos e sistemas para manter o controle sobre a relação de tarefas. Não importa qual sistema você vai escolher, desde que funcione no seu caso.

4. Sinta-se à vontade com a tecnologia útil

O economista Tyler Cowen tem um blog chamado Marginal Revolution, em que escreve diariamente. Uma de suas teorias sobre o futuro é que o mundo será ainda mais dividido e desigual do que hoje. Mas a divisão não será apenas entre ricos e pobres — será entre os que se sentem à vontade com a tecnologia e os que resistem a ela. "Os mais beneficiados", para usar sua terminologia, são os que usam com frequência computadores de todo tipo. "Os menos beneficiados" são os que não se sentem à vontade com equipamentos eletrônicos e software. Os bem-sucedidos no futuro, em outras palavras, serão os habilitados a usar a tecnologia para tornar sua vida melhor e mais produtiva.

Quando fugir da prisão — ou de qualquer trabalho de que você não goste —, o fato de melhorar suas "técnicas flexíveis" aumentará seu valor no mercado de trabalho pós-prisão e ajudará a encontrar o trabalho para o qual você nasceu.

Não basta ser bom — seja tão bom que se torne impossível ignorá-lo

Há poucos anos, comecei a trabalhar com um desenvolvedor de internet chamado Nicky Hajal. Os desenvolvedores são pessoas interessantes: altamente qualificados, na maioria dos casos, tendem a fazer tudo à sua maneira e com seu próprio programa de trabalho. Além disso — embora isso nem sempre seja verdadeiro —, eles às vezes dão maior atenção a detalhes do que ao quadro geral.

Nicky era diferente. Desde nossos primeiros contatos, ficou claro que ele estava interessado em atrelar a tecnologia *ao aprimoramen-*

to das coisas e não apenas empregar a tecnologia pela tecnologia. Era motivado pelo progresso e pelo aperfeiçoamento, e quando não sabia fazer alguma coisa procurava aprender em vez de desistir ou anunciar um insucesso. Nicky também era fora de série no que se refere a dar sequência e finalizar. Certa vez, eu estava com um projeto que outro desenvolvedor tinha começado a executar. Essa pessoa pediu seis semanas de prazo, e nem de longe tínhamos esse tempo todo. Achei que Nicky poderia fazer aquilo em duas semanas, mas, quando o procurei, ele me surpreendeu com a resposta: "Preciso de três dias". E, de fato, três dias depois ele estava com o projeto pronto — com umas poucas características que tinha acrescentado por sua conta "porque me pareceu que podiam ser úteis".

A questão é que Nicky não é apenas um programador competente (técnicas rígidas); ele é também dedicado, curioso e bom para resolver problemas (técnicas flexíveis). E essas técnicas flexíveis não são importantes apenas para programadores e codificadores; são essenciais para qualquer função. Quando Daniel Vlcek deixou o emprego e se aventurou por conta própria, já dominava as técnicas rígidas da administração de propriedades, tinha formação como eletricista e anos de experiência trabalhando na manutenção de imóveis de temporada no Colorado. O que mais contribuiu para seu sucesso foram sua persistência em adquirir as técnicas flexíveis, principalmente a habilidade de trabalhar com pessoas.

Uma vez superada a timidez que o impedia de oferecer seus serviços a proprietários, ele descobriu que era bom em despertar a confiança das pessoas em sua capacidade de lidar com o processo de reserva e administração dos imóveis. Na verdade, quanto mais aprimorava sua habilidade para lidar com as pessoas, mais seus negócios cresciam e, quanto mais seus negócios cresciam, mais ele podia aproveitar a liberdade que sempre desejou. Perder o emprego foi uma das melhores coisas que poderiam ter lhe acontecido.

Resumindo:

Profissionais com habilidades desimportantes: indesejáveis

Profissionais com boas técnicas rígidas mas sem traquejo social: necessários a curto prazo, mas nem sempre valorizados com o tempo

Profissionais com boas técnicas rígidas e traquejo social: indispensáveis

Pessoas como Nicky e Daniel me trazem à lembrança algo que Steve Martin disse: "Quando você está começando, não seja apenas bom — seja tão bom que se torne impossível ignorá-lo". Se está lendo isto, você provavelmente domina muitas técnicas rígidas. Para ser tão bom que se torne impossível ignorá-lo, concentre seu esforço em melhorar as técnicas flexíveis.

PEÇA DEMISSÃO UMA VEZ POR ANO

Quando achar que está caindo na rotina, ou simplesmente não tiver certeza de que seu atual emprego seja o melhor para você, ponha em prática a seguinte ideia: uma vez por ano, numa data à sua escolha, decida que chegou a hora de ir embora. Isso pode ser feito na prática ou apenas em teoria. A cada ano, comprometa-se a fugir da prisão e fazer alguma coisa diferente, a menos que ficar onde está seja mesmo a melhor maneira de prosseguir.

Você também pode fazer isso se ainda estiver estudando. Todos os anos, decida largar os estudos a menos que continuá-los seja sua melhor opção. Na medida do possível, ignore o que investiu. Se começou um doutorado de seis anos e descobre que está infeliz com aquilo depois de dois anos, são esses dois anos que importam? Não. Pense em seus próximos quatro anos, não no investimento que fez até agora.

Seja para largar um emprego, um projeto de estudos ou qualquer outra coisa, há uma declaração solene que você pode usar para assumir esse compromisso:

Todos os anos, nesta [data], vou pedir demissão de meu emprego. Então vou avaliar se continuar nele é minha melhor opção. Se for, pos-

▶

so ir em frente com segurança e dar o melhor de mim. Caso contrário, vou começar a procurar algo melhor imediatamente.

Se acabar ficando com o emprego atual porque gosta dele, ótimo! Se não, é hora de cair fora de Alcatraz. Seja como for, agora você tomou uma decisão consciente e pode ir em frente com segurança.

Quando fazer a grande ruptura... e quando dar tempo ao tempo

É um dilema e tanto: se você está preso a uma situação desanimadora, deve fazer uma grande mudança de imediato ou se preparar com mais tempo? Se quer sair do emprego e encontrar algo melhor, deve dar um salto sem rede de proteção ou armar esse anteparo primeiro?

Nos quinze anos em que venho trabalhando com gente que deu o salto sem a rede e ouvindo suas histórias, tomei conhecimento de casos dramáticos. Entre eles, menciono os seguintes:

- O do contador inexperiente que por engano subiu num site público a declaração de imposto de renda de clientes de altos rendimentos (ele foi acompanhado até a porta e convidado a não voltar de jeito nenhum, o que facilitou a decisão de ir embora).

- O do cara que se hospedou num hotel barato durante nove dias, recusando-se a sair até concluir um novo projeto de negócios.

- A mulher que criou uma sensação nas redes sociais usando uma série de fichas para acusar seu chefe de assédio sexual (ela não pediu a ele uma carta de recomendação).

- Pessoas (mais de uma) que simplesmente decidiram não voltar ao trabalho depois do almoço, abandonando tudo, inclusive objetos pessoais que estavam em seu cubículo.

Por sua própria natureza, casos extremos como esses em geral se destacam e chamam a atenção. A maior parte das pessoas prefere um pouco mais de planejamento. Por mais divertido que possa ser sair intempestivamente de uma sala de conferências, costuma ser mais sensato dedicar algum tempo a planejar melhor a fuga. Caso tenha a chance, use o período de cumprimento de sua pena para planejar um futuro melhor, aprimorando suas habilidades com o uso das estratégias que já leu neste capítulo; depois, ponha em prática essas habilidades para ganhar sua liberdade.

"À medida que minha confiança no que faço aumentava, fui ficando melhor em me promover e em fazer meu marketing pessoal — técnicas que anteriormente eu não sabia usar. Aprendi a ser ousada e pedir informações a outras pessoas que, na minha opinião, estão se saindo bem. E fiquei muito boa em dizer não a oportunidades que não me trazem alegria ou não se alinham com meus valores."

Sam, 53 anos, designer de estampas

CAPÍTULO 5

A resposta em sua caixa de entrada

OBJETIVO: Descobrir qual é a sua

Quando estiver tentando ganhar na loteria da carreira, pode acontecer que o bilhete premiado esteja bem diante de você. A resposta a suas perguntas mais urgentes — e o caminho que o levará ao trabalho para o qual você nasceu — pode vir de pessoas que interagem com você todos os dias.

Aos quarenta anos, Sam Hunter fez uma grande mudança — voltou a estudar. Ela queria ser artista desde que se conhece por gente, quando morava na Inglaterra. Mas ainda na infância foi incentivada a procurar uma profissão "de verdade". Depois do ensino médio, ela veio para os Estados Unidos e se formou em engenharia eletrônica, dando início a 25 anos de carreira em TI. Durante todo esse tempo, desempenhou uma porção de funções: trabalhou em suporte ao cliente pelo telefone, contribuiu para a atualização do sistema on-line de uma empresa de saúde e conduziu um programa de controle de qualidade.

Era muito detalhista e ótima em controle de qualidade. Gostava de procurar o que estava errado num processo e descobrir como consertar. Falar ao telefone com clientes era um outro modo de resolver problemas, já que algumas pessoas não estavam habituadas a receber apoio técnico de uma mulher, e era necessário encontrar maneiras criativas de superar a resistência. Mesmo assim, ela continuava fazendo um trabalho que não aquele para o qual havia nascido, e negligenciando seu sonho de infância de ganhar a vida fazendo arte.

Depois de 25 anos, ela enfim decidiu que era hora de fazer alguma coisa por si mesma. Aos quarenta anos voltou a estudar, fez bacharelado em escultura e um mestrado em arte em fibras. Seu plano original era encontrar emprego como professora assistente, mas havia muito mais mestres em belas-artes do que empregos. Depois de se candidatar a todas as oportunidades que pôde encontrar, ela não tinha recebido um só chamado para entrevista.

Sam era mãe solteira de um menino. Quando ele tinha cinco anos, ela começou a costurar acolchoados e a tricotar. De início, foi apenas uma maneira de manter o filho agasalhado, mas o passatempo logo se transformou em paixão. Quando estava para terminar o mestrado, descobriu um grande problema: a estampa da maior parte dos acolchoados deixava muito a desejar. "Não sei por que alguém não dá um jeito nisso", comentou Sam com uma amiga um dia. "E por que não você?", rebateu a amiga. Então ela fez isso. Desenhou sua primeira estampa e mostrou-a a amigos. Como a reação foi boa, ela se animou a mostrá-la a mais gente.

Adorei a resposta dela quando perguntei como, no universo das artes têxteis, as pessoas fazem suas criações chegarem a outros artistas. "Todos dizem que você precisa ralar muito até que um distribuidor preste atenção em seu trabalho", disse ela. "Mas isso é bobagem. Consegui meu primeiro distribuidor ligando para ele e dizendo: 'Olá, tenho uma coisa de que você vai gostar'. Foi assim que consegui todos os demais. É preciso dar as caras."

Depois de conseguir seu primeiro distribuidor com aquele telefonema, ela continuou batalhando, desenhando mais estampas e levando-as a mais pessoas. Criou um site com um blog e uma loja on-line. Começou a dar oficinas em exposições e lojas de artesanato.

Negociou a produção de um livro com um editor. E, durante todo o processo, persistiu firmemente em duas coisas. A primeira foi procurar outras pessoas bem-sucedidas em seu ramo, bombardeando-as com pedidos de conselhos.* A segunda foi continuar *fazendo* — desenhando uma estampa após a outra e tentando experiências criativas para levá-las a gente do ramo e ver o que dava certo.

Ao oferecer suas estampas para a venda, Sam fez outra descoberta importante. Ela adorava ajudar iniciantes. Da mesma forma como tinha ficado insatisfeita com o modelo que a levou a criar sua primeira estampa, observou que também a maior parte das padronagens criadas por iniciantes promissores eram banais e sem graça. De alguma forma, isso fazia sentido — quando está aprendendo uma nova atividade artesanal, a pessoa provavelmente não assume de imediato o desafio de desenhar, portanto as estampas de outros designers facilitam as coisas. Porém, quanto mais ela conversava com gente nova no ramo, mais ouvia queixas sobre a mediocridade das estampas.

Foi nesse ponto que Sam descobriu qual seria seu próximo passo. Ela começou a desenhar e a vender padronagens que *pareciam* complicadas, mas na realidade eram fáceis de trabalhar. Assim, os recém-chegados ao ofício podiam se dedicar a um projeto que os satisfazia e realizava. Foi um grande sucesso. Nos três primeiros anos, ela vendeu mais de 15 mil estampas, com as vendas dobrando a cada ano. Foi um desfecho esperado em seu caso, já que ela havia entendido com clareza seu público-alvo. "Desenho essas estampas como se fossem para mim mesma", disse-me ela, "e por isso sei exatamente o que se espera delas."

Quando conversei com Sam, observei que ela tinha algo em comum com muita gente que gosta de seu trabalho e o faz bem. Seu rosto se ilumina quando ela fala sobre a ajuda que presta a outros artistas, fazendo-os deixar de subestimar a própria obra, uma causa

---

*   Uma dica: ao fazer contato com gente importante de qualquer área: prepare perguntas bem definidas. Muitos gostam de ajudar, e você não vai querer fazê-los perder tempo.

pela qual ela é apaixonada. O maior retorno, segundo ela, é ficar sabendo que esses artistas levaram a sério os seus conselhos. Há nisso um elemento quase missionário — ela acredita no próprio trabalho e se dedica a ajudar seus pares a progredir.

Ouvir ativamente

Nos três capítulos anteriores, você identificou várias habilidades suas — algumas já esperadas, outras talvez surpreendentes. "Todo mundo é especialista em alguma coisa" é um princípio para ter em mente, e muitas vezes essa coisa pode aparecer de surpresa. Mas mesmo que você conheça bem suas habilidades, cada uma delas só terá valor se houver quem pague por elas. Como você imagina que suas capacidades podem ser mais valiosas e vendáveis? Neste capítulo, você vai aprender um processo criativo que pode empregar para ir da capacidade de realização à solução.

O princípio central é: quando você não tiver certeza a respeito de qual é a sua — não sabe bem por onde começar a buscar o emprego ou a profissão que vai lhe proporcionar alegria, fluxo e um bom dinheiro —, lembre-se de que as pessoas com quem conversa todos os dias podem ajudar.

A resposta pode vir de sua caixa de entrada, seja nos próprios e-mails que você sempre recebe, com as mesmas perguntas, nas notícias que aparecem em suas redes sociais ou conversando com amigos. Em outras palavras, as pessoas de sua rede de contatos na verdade podem ter uma noção mais clara do que a sua sobre quais são suas melhores qualidades para o mercado.

O segredo está em prestar atenção às perguntas que lhe fazem, aos favores que lhe pedem, e talvez mesmo aos livros e artigos que lhe enviam achando que podem interessar. Quando alguém pergunta "Posso lhe pedir um favor?" e você sabe de antemão o que a pessoa vai querer, já terá a resposta a *sua* resposta. Se você tem dificuldade para atualizar seu celular, a quem pede ajuda? Se está frequentando a academia e não vê resultados, a quem pede conselhos sobre exer-

cícios físicos? Quando está programando uma viagem ao exterior e escolher encontrar um hotel, a quem pede recomendações?

Agora pense nisso de um outro ponto de vista. Todo mundo pede a *você* que atualize seu celular, ou melhore seu programa de exercícios físicos, ou recomende um lugar para ficar durante uma viagem. Olhando com atenção, você vai descobrir que provavelmente as pessoas lhe pedem o mesmo tipo de ajuda, repetidas vezes. Seja recomendação de livros e filmes, dicas de investimento ou opinião sobre o último brinquedinho eletrônico do mercado, os conselhos que lhe pedem são uma boa pista para descobrir quais de suas habilidades e conhecimentos são mais demandados — e, portanto, com toda probabilidade, mais interessantes para o mercado. No meu caso, os amigos sabem que visito pelo menos vinte países e voo mais de 200 mil milhas por ano, por isso sempre me perguntam sobre a reserva de passagens aéreas. Assim, não é de estranhar que eu tenha encontrado o trabalho para o qual nasci escrevendo livros sobre viagens e ajudando as pessoas a viajar.

Se você vasculhar sua caixa de entrada e nada saltar à vista, há algumas outras formas de usar essa técnica para ter ideias:

- Quando você está na escola, ou no local de trabalho, e as pessoas precisam se reunir em pequenos grupos para executar uma tarefa coletiva, qual costuma ser sua função? Você é o porta-voz do grupo, o detalhista, o que faz as anotações, ou o quê?

- O que você gosta de ensinar ou mostrar como fazer? O ensino não se dá necessariamente na sala de aula; podem surgir ocasiões para ensinar em qualquer lugar. A questão é: das coisas que sabe fazer, o que gosta de compartilhar com outras pessoas?

- Se você tem filhos, para que eles pedem sua ajuda? Quando eu era criança, sabia que meu pai era bom em escrever e em formular ideias. Se precisava de ajuda em um trabalho sobre um livro, ele estava sempre disposto a uma ida à biblioteca ou a revisar meu primeiro e sofrível esboço. Ele usava essas aptidões em seu trabalho na Nasa, sem dúvida, porém mais tarde começou a escrever romances, talvez aproveitando talentos que surgiram quando era jovem.

Nos sete últimos anos, venho tocando um pequeno negócio que saiu direto de minha caixa de entrada. Quando comecei a registrar minhas visitas a diversos países do mundo, sempre mencionava que meus voos eram "quase de graça" por causa das milhas que juntava como viajante, das passagens volta ao mundo ou outros truques que aprendi em anos de viagens frequentes. Muitos de meus primeiros leitores diziam: "Espere aí — isso parece interessante. Como posso conseguir esse tipo de passagem?".

Como resposta, criei um guia básico de tarifas aéreas, que pus à venda por baixo preço. Ele vendeu bem, então criei outro guia, e depois outros. Comecei então a trabalhar com outros escritores e com uma pequena equipe de produção. O negócio nunca chegou a ser imenso, nem eu queria necessariamente que fosse. Ele me proporcionava bons rendimentos, e o trabalho era sazonal. Quando ia sair um novo guia, era preciso fazer uma porção de coisas, mas em outras épocas eu apenas deixava rolar enquanto pensava em outros projetos.

Com o passar do tempo, aprendi que poderia prever as reações do público a novos guias acompanhando de perto o que as pessoas estavam realmente dizendo. Quando acerto, os clientes fazem fila para comprá-los aos montes. Mas quando dou por certo que sei o que é melhor em vez de ouvir o que minha comunidade queria, descobrindo suas necessidades para elaborar os guias, a reação é morna. Isso não só preservou minha humildade como foi uma boa lição sobre o princípio central deste capítulo: quanto mais nos concentrarmos na solução de problemas dos outros, mais sucesso teremos.

Seja especialista em resolver problemas

Antes de prosseguir, vejamos o caso de mais alguém que procurou em sua caixa de entrada uma maneira singular de resolver um problema recorrente. Durante anos, Wes Wages ficou conhecido como "o cara do vídeo". Wes tinha um empreendimento de sucesso: ele e a mulher, Tera, fotógrafa, registravam imagens de casamentos, mas sempre teve vontade de fazer uma coisa diferente. Sua fama se espalhou, e em pouco tempo sua atividade se ramificou para shows, trailers e vídeos promocionais de todo tipo. Ele era muito solicitado, e em geral seu trabalho tinha de ser agendado com meses de antecedência, mas continuava havendo um grande problema: Wes só conseguia ganhar dinheiro quando empunhava uma câmera ou trabalhava na mesa de edição. Depois de oito anos vivendo e trabalhando juntos, Wes e Tera agora tinham duas crianças. Os casamentos que registravam ocupavam fins de semana inteiros, e o trabalho em shows e outros eventos fora da cidade mantinham Wes longe de casa por muito mais tempo do que ele gostaria.

Mas ele não pôde deixar de notar que, cada vez que filmava um evento, alguém lhe perguntava: "Como foi que você aprendeu a fazer isso?". Wes ouviu essa pergunta uma porção de vezes, de dezenas de pessoas que conheceu por intermédio do trabalho, desde blogueiros e músicos até seus próprios clientes. Naquela época, muita gente já tinha computador ou celular com câmera de vídeo — mas, como sabe qualquer pessoa que alguma vez se tenha aventurado na internet, a qualidade da produção varia muito.

Wes acreditava que, mesmo não conseguindo replicar o trabalho de um verdadeiro profissional, qualquer pessoa pode melhorar radicalmente suas técnicas de fotografia e vídeo sem muito esforço. Foi assim que ele criou um curso on-line para responder às perguntas mais frequentes que ouvia:

- Quanto dinheiro vou ter de gastar?
- Qual equipamento é indispensável comprar e o que é opcional?
- Que coisas simples posso fazer para que meus vídeos saiam melhores?
- Quanto tempo devo investir no processo de aprendizagem?
- Qual é o próximo passo que devo dar agora?

Wes não pretendia ensinar nada a outros profissionais; esse mercado já estava bem informado. O que estava tentando fazer era ajudar a resolver o problema dos novatos que lhe perguntavam como fazer um trabalho mais parecido com o seu (e todas as demais pessoas que usavam um laptop para publicar vídeos on-line). Ele já vinha respondendo a essas perguntas havia anos, mas agora estava *também* gerando uma nova fonte de renda com isso. E talvez essa ideia nunca tivesse lhe ocorrido se ele não estivesse concentrado em resolver os problemas cotidianos das outras pessoas.

Então, qual a melhor maneira de descobrir quais problemas da vida cotidiana *você* pode resolver, e como? Eis algumas dicas:

1. Resolver problemas da vida cotidiana costuma ser a saída mais fácil e com mais chances de sucesso

Você não pode se sair mal ajudando as pessoas a resolver problemas cotidianos universais, como perder peso, ficar forte, poupar dinheiro, melhorar a autoestima ou qualquer coisa nessa linha. Uma iniciativa que ensine as pessoas a reduzir sua conta de celular é um bom exemplo de ideia lucrativa voltada para um problema cotidiano. Muita gente paga uma conta mensal elevada sem saber por que está gastando tanto nem se existem alternativas. Se alguém puder resolver isso para nós sem que seja preciso mudar de operadora ou perder muito tempo buscando uma solução, seria ótimo e de muita valia.

2. Resolver problemas específicos e mensuráveis é muito melhor do que tentar criar uma grande mudança de comportamento

Uma amiga certa vez passou seis meses reunindo um vasto conjunto de materiais para aspirantes a empresários que estavam com dificuldades na área de marketing. Quando vi a lista, fiquei impressionado. "Quanta coisa!", comentei. E o problema era de fato este: era coisa *demais*, e provavelmente por isso a reação inicial de seu público foi boa, mas não ótima. Em vez de se sentirem motivadas, as pessoas se sentiam intimidadas.

Minha amiga reviu o curso para se concentrar numa questão mais específica: ajudar os empresários a melhorar o fluxo de caixa. Isso era melhor! Ela teve muito mais sucesso com o produto revisto, voltado para um problema específico.

3. Para evitar perder o rumo, pergunte-se sempre "Por que as pessoas dariam importância a isto?"

Essa não é uma questão que se possa ignorar. Em última instância, seu sucesso na vida e no trabalho depende disso. Então, se não tiver uma boa resposta, dedique mais tempo a pensar no assunto. É por esse motivo que o projeto sobre o qual você vai ler a seguir é tão eficaz — ele leva em conta essa pergunta em cada um de seus passos.

Estabelecer-se entrevistando cem pessoas

Shenee Howard era uma talentosa estrategista de marca que tinha orgulho de seu trabalho. Mas, em 2011, estava sem dinheiro e sem clientes. Sem saber bem o que havia de errado, começou a conversar a respeito com as pessoas. De início, buscou uma abordagem convencional, pedindo conselhos ao pessoal que via como seus mentores.

Depois teve uma ideia melhor.

Em vez de falar com especialistas em busca de diagnósticos e conselhos, Shenee decidiu inverter tudo e conversar com cem pessoas comuns e lhes fazer perguntas sobre seus problemas, com o objetivo de usar suas capacidades individuais para encontrar soluções. Usando redes sociais e e-mail, ofereceu sessões ilimitadas de estratégia, conversas de quinze minutos de duração por telefone, a qualquer pessoa que tivesse perguntas sobre marcas — de graça.

Essas sessões não eram apenas um chamariz para um serviço pago; ela queria mesmo saber quais eram os problemas das pessoas e esperava ter ideias que ajudassem a resolvê-los. Com o tempo (ela fez duas ou mais ligações de quinze minutos por dia, durante meses), ganhou experiência e aprimorou sua capacidade de elaborar ideias úteis em pouco tempo.

Algumas dessas ligações acabaram levando a trabalhos remunerados, pois alguns dos clientes do atendimento gratuito gostaram tanto do aconselhamento que quiseram estendê-lo a outro grupo de problemas mais sérios. Mas, mesmo quando as ligações não levavam a uma relação comercial direta, acabavam levando a um relacionamento mais estreito. Essas pessoas se tornaram uma espécie de comitê consultivo, ou caixa de ressonância. Elas davam também seus testemunhos. Escreviam em seus blogs sobre o projeto. E mais tarde, quando Shenee criou produtos pagos, se tornaram seus mais fiéis clientes.

Menos de quatro meses depois de embarcar naquilo que batizou como Projeto Cem Pessoas, Shenee passou de "sem dinheiro e sem clientes" ao lançamento de seu primeiro curso. O produto foi vendido a bom preço e, segundo ela, "o resto é história" — e neste caso história significa que agora ela tem rendimentos bons e seguros, além de trabalhar em seus próprios termos e condições.

A história de sucesso de Shenee é inspiradora, mas a questão central é que *você* pode ter acesso à experiência de cem pessoas para tentar descobrir para que trabalho nasceu. O segredo está em usar a experiência não para promover seu negócio, mas para ter um retorno sobre quais capacidades e talentos seus são os mais apreciados — e quem sabe até mesmo testar qual a demanda para o produto ou serviço que você pode oferecer.

Mesmo se você achar que não conhece cem pessoas, quando começar a contar seus amigos do Facebook e qualquer outra pessoa com quem tenha conversado alguma vez, aposto que vai descobrir que conhece pelo menos cem pessoas, de uma forma ou outra. Além disso, as pessoas ligadas a você são, por sua vez, ligadas a muitas outras que também podem ajudar.

É assim que você pode criar seu próprio Projeto Cem Pessoas.

1. Relacione cinco problemas que é capaz de solucionar para alguém

Faça isso com uma disposição de brainstorming, sem se limitar nem se censurar. Pergunte: "Quais são as coisas que levam as pessoas a buscar minha ajuda? Quais são as coisas que eu sei, mas representam dificuldades para outras pessoas?".

Mesmo tendo viajado muito e conhecido gente do mundo inteiro, nunca deixo de me surpreender com todas as ideias de negócios e as novas profissões que surgem simplesmente buscando maneiras de ser útil. Desde a mulher que criou um blog dedicado ao preparo de arroz integral (mais de 100 mil dólares de receita anual) ao passeador de cachorros profissional (80 mil dólares de receita anual) e muitos mais, pensar em problemas e soluções é *decisivo* para encontrar um trabalho de que você gosta e pelo qual as pessoas paguem.

2. Decida o nome de sua sessão de quinze minutos com cem pessoas

Se quiser convencer cem pessoas a ficar ao telefone com você falando sobre dificuldades e problemas, é bom que escolha um nome criativo ou inteligente para seu projeto de prospecção. Ainda que sua sessão seja na prática um pedido de assistência ou uma consulta, não a chame assim. Invente um nome divertido! Entre os nomes interessantes que ouvi de Shenee estavam "Intervenção Amorosa", "Reunião de Fortalecimento" e "Papo Clareza". Mas não se prenda a esses exemplos. Se preferir alguma coisa mais formal, tudo bem. E, caso ainda esteja tentando elaborar os detalhes do conteúdo de sua sessão, não passe o tempo todo tentando chegar ao nome perfeito. Faça o que lhe parecer mais autêntico.

3. Invente uma definição breve e uma recompensa para sua sessão

O projeto de Shenee foi um sucesso porque tinha algo claro a oferecer e um conjunto definido de resultados (sessões de estratégia de marca, de quinze minutos de duração cada, para cem pessoas). Como de hábito, quanto maior a especificidade, melhor. Uma pessoa com quem Shenee trabalhou era boa em tecnologia e identificou uma necessidade comum a novos empreendedores que hesitavam entre as possibilidades oferecidas de serviços de conexão. Ela batizou sua conversa de quinze minutos como "sessão de intervenção tecnológica" e prometia ajudar as pessoas a entender melhor os aparelhos e os softwares em pouco tempo.

Decida quais de suas qualificações ou serviços quer pôr à prova, e esboce os objetivos e resultados de sua "amostra grátis" de acordo com isso.

4. Crie um processo de inscrição rápido e simples, e convide as pessoas a se inscrever

Além de nome, endereço de e-mail e número de telefone (os dados mais importantes), é bom receber de antemão algumas informações sobre as pessoas. Qual é o maior problema de cada uma delas, e qual é o principal objetivo que está tentando conquistar?

Comece com pessoas de sua confiança e peça a elas que participem. Tendo em mãos a lista das pessoas, vá em frente e programe as reuniões ou ligações. Há muita probabilidade de que encontre todas as referências de que vai precisar dessa forma. Em caso contrário, não hesite em fazer a mensagem circular de forma mais ampla, postando-a na internet ou pedindo a mais gente que a compartilhe. Trata-se de um serviço útil que você está oferecendo de graça. Se puder chegar a alguém que tem um problema real e for capaz de resolvê-lo (ou pelo menos orientá-la na direção certa), a ajuda *vai* ser aceita.

5. Facilite as ligações

Use o celular, Skype ou o serviço que preferir para falar com a pessoa na hora marcada. Seja gentil, mas não permita que o foco se disperse. Você pode querer falar mais de quinze minutos e, se as coisas estiverem indo bem, pode fazer isso — mas certifique-se de que a outra pessoa esteja de acordo.

6. Dê continuidade à ligação (essencial)

Depois de terminar cada sessão, não deixe de fazer um contato pós--atendimento. Se tiver autorização de seu interlocutor, pode gravar a ligação usando software gratuito e permitir seu acesso à conversa. Outra opção é mandar uma breve recapitulação do que foi discutido, além de suas sugestões para a ação. Na prática, sua intenção com isso é agradecer. Lembre-se de que essas pessoas podem integrar seu comitê consultivo informal e que, portanto, é fundamental alimentar esses laços.

Enfim, é isso. Para melhores resultados, repita cem vezes.

Um momento, como vou ser pago por isso?

O Projeto Cem Pessoas não é um mero exercício acadêmico. Há diferentes maneiras de transformá-lo em uma fonte de renda, desde o início ou mais adiante. Shenee o monetizou sem demora, oferecendo sessões aprofundadas aos interessados. Depois de algumas sessões, ela adquiriu um conhecimento maior sobre as necessidades de seu potencial cliente e usou esses dados para criar um curso chamado Hot Brand Action.

Muito mais valioso do que o pagamento imediato, no entanto, é o modo como o Projeto Cem Pessoas *ajuda a descobrir o que você pode oferecer.* Lembre-se de que a questão central é descobrir em que você se destaca a ponto fazer as pessoas quererem pagar por isso. Essa parte é muito importante! Como diz Shenee:

> Fazendo isso repetidas vezes, você fica mais rápida e começa a entender que tipo de problemas gosta mais de ajudar. Por exemplo, minha Sessão Shazam começou como uma consultoria sobre *qualquer* coisa, mas logo se especializou e se tornou uma conversa com a intenção de obter clareza imediata. As pessoas vinham a mim com o problema em que estavam empacadas e eu as ajudava a se desbloquear.

Seja qual for a natureza do seu trabalho — seja um empreendedor, consultor autônomo ou um empregado com salário fixo em busca de um ganho extra —, se tiver dificuldade para determinar a coisa que você faz bem e pela qual as pessoas pagariam, dê uma chance ao Projeto Cem Pessoas. Você agora tem os motivos e os instrumentos necessários para lançá-lo.[*]

---

[*] Quer saber mais sobre a logística das ligações programadas, assim como o que dizer exatamente em cada sessão? Há um roteiro rápido e diversos exemplos, em inglês, em <BornforThisBook.com> (em inglês).

Dar sequência é uma arte

Depois de identificar uma capacidade pela qual você acha que as pessoas pagariam, o que fazer? Como passar disso para um pagamento efetivo? Tudo isso depende da sequência.

Muita gente tem grandes ideias de negócios, ou pelo menos acha que tem, mas a maioria nunca toma uma iniciativa. É como escrever um livro: cerca de 80% das pessoas dizem que algum dia vão fazer isso, mas menos de 10% de fato escreve. (E, se você quer escrever um livro, não é tão difícil assim — espero que siga em frente com seu objetivo!)

As pessoas que você conheceu neste capítulo — Sam, Shenee e Wes — tiveram êxito não apenas por ter encontrado boas ideias na caixa postal, mas porque *tomaram medidas* para dar sequência a essas ideias. Depois de explorar sua caixa de entrada ou de empreender conversas em busca de ideias, quais as atitudes que pode tomar a seguir? Eis algumas opções:

- Oferecer aulas, mentoria ou consultoria.
- Criar um produto, um curso, um guia ou aplicativo.
- Projetar um serviço que libere uma pessoa de uma tarefa pessoal trabalhosa.
- Aplicar esse modelo a seu trabalho (ver adiante).

Se não estiver interessado em se lançar num empreendimento, você ainda pode usar a estratégia da resposta-em-sua-caixa-de-entrada para valorizar suas habilidades no trabalho que executa hoje, seja ele qual for. Em vez de usar o que aprendeu para abrir um quiosque de refrescos ou fazer negócios pela internet, você pode adaptar seus novos conhecimentos ao trabalho que já tem e desempenhá-lo melhor.

Vamos tomar as reuniões como exemplo. Na maior parte delas, existe uma pauta declarada e uma não declarada. Nem sempre as pessoas são capazes de expressar com clareza suas necessidades.

Se você aprender a decifrar a pauta não declarada e as necessidades não mencionadas, vai construir relacionamentos mais sólidos. Se puder ajudar seu chefe e seus colegas a se *sentirem melhor* com seu trabalho, sua reputação dará um salto. Se puder fazer por seus clientes alguma coisa que vá além de suas obrigações profissionais, será recompensado por isso. Seja empreendedor ou empregado, seu objetivo deve ser descobrir necessidades e encontrar soluções. Quanto mais concentrado em atividades relacionadas for esse objetivo, mais sucesso terá.

A vida de Shenee mudou depois que ela fez suas cem conversas telefônicas. Ela ganhou confiança e clareza como estrategista. Reforçou relacionamentos com pessoas que anos mais tarde ainda estavam ao seu lado. Agora ela tem bons rendimentos e emprega seu tempo num trabalho de que gosta. Isso teria sido possível sem o Projeto Cem Pessoas? Claro. Mas, com essa exploração profunda de suas aptidões e a descoberta do que tinha a oferecer, ela tomou um atalho no trajeto para a ambicionada liberdade.

Já Sam Hunter montou seu bem-sucedido negócio de estampas depois de detectar uma necessidade. Como acontece com qualquer hobby, existe muito mais gente iniciante do que experiente costurando seus próprios acolchoados, mas todas as estampas são medíocres. Então, com determinação e persistência, ela abriu caminho até distribuidores e lojas. Depois disso, prestou atenção ao que as pessoas desejavam e fez avançar seu negócio. Assim que começou a fazer perguntas, ela entendeu que a resposta esteve o tempo todo bem diante de seus olhos.

"Adquira o hábito de ser um especialista humilde. Dedique-se mais a observar o modo como as pessoas fazem as coisas do que a dizer a elas como você faz. Seu trabalho vai falar por si só. Eu ainda luto contra a síndrome do impostor, mas com o tempo venho tentando na medida do possível apoiar as pessoas de formas mais específicas."

Leon, 47 anos, evangelista tecnológico

CAPÍTULO 6

A lição de vida de Jay-Z

OBJETIVO: Primeiro, expandir suas opções; depois, limitá-las

Pode ser que você não esteja diante de um dilema entre optar por uma vida no crime ou um fluxo interminável de royalties de uma gravadora, mas mesmo assim vai ter de fazer escolhas para construir seu futuro. Qual é a melhor maneira de escolher entre dois ou mais caminhos viáveis? Primeiro, amplie suas opções. Depois, comece a limitá-las.

Antes de se tornar o bilionário do entretenimento conhecido como Jay-Z, Shawn Carter era um traficante de drogas que atuava em conjuntos habitacionais do Brooklyn. Lembrando aqueles tempos, nem ele mesmo acredita em sua ascensão quase inacreditável. "Com base em minhas experiências", disse ele ao cineasta Ron Howard, "eu nunca acreditaria que um dia ia estar aqui. Se tivesse sonhado com isso, 'É aqui que quero chegar', não teria conseguido."

As ruas do Brooklyn em 1986 eram bem diferentes do bairro gentrificado que se vê hoje em dia. O hip-hop estava no auge, mas o clima era pesado, as ruas estavam cheias de viciados e guerras de facções criminosas eram travadas nos edifícios das redondezas.

Aos quinze anos, Shawn Carter tinha duas atividades principais. Uma delas era escrever letras de rap na cozinha de casa. A outra era vender crack debaixo das escadarias do conjunto habitacional Marcy. Quando pensava no futuro, com as raras e distantes histórias de sucesso que conhecia, via apenas duas possibilidades de carreira, diametralmente opostas:

Opção 1: Traficante de drogas profissional
Opção 2: Profissional do entretenimento

As duas carreiras eram tiros no escuro, sem sucesso garantido, qualquer que fosse a escolha. Apesar dos problemas legais e morais relacionados à venda de cocaína, talvez a melhor opção no curto prazo tivesse sido continuar com as drogas. A compensação era imediata — em dinheiro e livre de impostos. O status social também era elevado: no Brooklyn da década de 1980, os traficantes estavam entre as pessoas mais poderosas (e temidas, se não respeitadas) da comunidade. Por fim, ser traficante era relativamente fácil. O jovem Shawn Carter *sabia* vender drogas. Era um mercado de demanda quase ilimitada, e ele tinha uma base de clientes que sempre voltavam. A decisão mais cômoda, talvez a mais provável, seria continuar com aquilo.

Mas, como sabemos, não foi o que ele fez.

Shawn Carter não se tornou um traficante famoso — o que é bom, porque muitos dos traficantes famosos estão mortos. Na indústria fonográfica, em que não há nenhuma garantia de estrelato, as consequências de um fracasso costumam ser muito mais brandas. Se fracassar, você vai ter de procurar um emprego para sobreviver. No tráfico, se pisar na bola, você vai preso ou morre.

Mas, mesmo sem considerar o risco de vida implícito, o mais provável seria que nenhum de nós tivéssemos ouvido falar em Jay-Z se ele não tivesse escolhido a vida da rima e não a do crime. Ele não valeria 1 bilhão de dólares, provavelmente não teria conquistado o coração de Beyoncé e teria muitas chances de ser preso ou morto.

Anos mais tarde, é assim que Jay-Z fala de seu sucesso: "O que essa música significa para mim é inacreditável. É claro que a sorte teve seu papel, mas todo ser humano tem um talento genial. Não existem eleitos. Você precisa descobrir em que é bom e investir nisso".

Seguir carreira na música não foi apenas uma questão de valores éticos ou de modo de vida. Foi também fazer a escolha profissional certa — a opção por aquilo de que ele gostava (alegria), por aquilo pelo qual seria bem pago (dinheiro), e por aquilo em que seria bom (fluxo).

Pode ser que você não esteja diante do mesmo dilema, entre o tráfico de drogas e o superestrelato, mas pode usar um método de análise similar para tomar suas decisões profissionais.

Primeiro, expandir as opções; depois, limitá-las

Vamos supor que você não esteja considerando entre uma carreira no tráfico ou no rap. Mesmo assim, pode estar diante de um dilema profissional. Há uma tática infalível que se pode usar, principalmente no começo de uma carreira ou até mais tarde, quando se planeja um recomeço: você pode trabalhar para expandir suas opções, e depois limitá-las.

Jay-Z deparou com uma escolha extrema entre duas vocações de alto risco e de alta remuneração. Mas é bem provável que nunca tenha feito outras coisas — simplesmente não teriam sido boas escolhas para ele. Poderia ter frequentado uma faculdade comunitária, conseguido um emprego normal (ou seja, nem tráfico nem música), entrado para as forças armadas e assim por diante.

Você também deve ter muito mais opções do que imagina. Poderia começar identificando essas opções por meio de uma lista com todas as possibilidades de que você possa lembrar. Por enquanto, não precisam ser práticas ou realistas. Sua lista pode conter o seguinte:

- Continuar fazendo o mesmo que agora.

- Negociar com seu empregador uma troca de função, responsabilidades ou horário.

- Procurar outro emprego na mesma área.
- Procurar outro emprego numa área completamente diferente.
- Voltar à escola ou adquirir uma nova qualificação por qualquer meio.
- Começar uma atividade paralela (ver capítulo 7).
- Entrar num negócio com um amigo.
- Aposentar-se e levar a vida num iate em cruzeiro pelo Mediterrâneo com Leonardo DiCaprio (pode não ser possível para todo mundo).

A depender da fase da vida em que você se encontra, sua lista pode conter ainda mais possibilidades, muitas delas atraentes. Mas, com tantas opções, a escolha pode se tornar ainda mais difícil. Seria de grande ajuda, no entanto, se você pudesse eliminar algumas delas usando o modelo alegria-dinheiro-fluxo. Lembrando:

Alegria: o que você gosta de fazer
Dinheiro: aquilo que paga as contas
Fluxo: aquilo que você faz muito bem

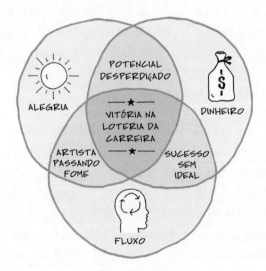

O primeiro passo será eliminar as possibilidades que não lhe dão alegria quando pensa nelas. Esse pode ser o critério inicial para a tomada de decisões, porque a vida é curta e você com certeza não quer passá-la fazendo aquilo de que não gosta.

Em seguida, elimine as ideias que não têm potencial realista de produzir rendimentos. Isso não quer dizer que você não possa fazer essas coisas como hobby, mas este livro não trata de hobbies. O objetivo é fazer mudanças profissionais que tragam felicidade *e* lucro.

Por fim, você deve eliminar as ideias em que você não é tão bom assim, ou para as quais suas aptidões não são especiais.

Lembre-se, sempre há mais de um caminho. Mas para encontrar a profissão dos sonhos você não deve pensar no que *pode* fazer, mas no que *deve* fazer. O objetivo não é encontrar qualquer caminho possível, mas o caminho que seja o melhor para você.

A atriz que virou orientadora de carreira

Quando Laura Simms entrou para a faculdade, gostou das aulas, mas não conseguia escolher um bacharelado. Seu orientador lhe disse algo bem-intencionado, ainda que não de muita valia: "Escolha alguma coisa em que possa tirar boas notas".

Ela se formou em história, disciplina em que era ótima, mas muito antes da graduação já sabia que não queria trabalhar num museu. A história lhe parecia estagnada, enquanto a arte dramática — o teatro — exalava vida. Ela experimentou um impulso ainda mais forte para o palco depois de uma viagem à Inglaterra, onde conheceu atores shakespearianos e se sentiu imediatamente à vontade. Depois de voltar para casa, se dispôs a fazer testes para diversas companhias teatrais que montariam peças no verão. O local dos testes ficava a horas de distância de sua casa e, quando as listas foram divulgadas, Laura ficou decepcionada por não ter sido aceita para nenhum teste.

Antes de desistir, ela checou o quadro de listagens uma última vez, e encontrou o seu nome. Era uma oportunidade de teste depois de quarenta inscrições, mas era tudo de que ela precisava. Ela ficou com o papel e saiu em turnê pela região.

Depois de anos fazendo teatro local, Laura quis levar seus talentos a outro nível. Candidatou-se à Escola de Artes Claire Trevor, da Universidade da Califórnia, e foi aceita para um concorrido mestrado de três anos que incluía treinamento rigoroso e com um ótimo desempenho de colocação de seus formandos. Depois da pós-graduação, ela trabalhou como atriz profissional durante anos, às vezes em tempo integral, outras como atividade paralela, complementando o que ganhava com uma série de outros trabalhos.

Trabalhou na televisão e apareceu em diversas séries conhecidas. Finalmente, sua estrela começava a brilhar. Contudo, havia uma coisa no ramo do entretenimento que a preocupava. "Representar não tem a ver apenas com o processo", ela me contou. "Tem a ver com as pessoas que você conhece, com quem você almoça, como se coloca na 'cena'." Em outras palavras, o trabalho era bom. Era da cultura e das condições de trabalho — em especial a obrigação de estar sempre perto das pessoas certas — que ela não gostava.

Nessa época, recebeu um convite de sua alma mater, a Universidade da Califórnia, para dar aulas durante um semestre, uma ideia que lhe pareceu animadora desde o início. Mas também seria um divisor de águas bem claro. O trabalho lhe exigiria uma viagem de carro de uma hora por dia durante a crucial "temporada piloto", quando os papéis principais e os de coadjuvantes são distribuídos pelos diretores de elenco. Se aceitasse a proposta, ela teria de ligar para seu empresário e ficar fora dos testes durante vários meses.

O dilema pôs Laura diante de uma clara escolha: arriscar-se numa nova oportunidade, abandonando a carreira na qual tinha investido tanto, ou permanecer numa situação que já não lhe proporcionava alegria.

Às vezes, aquilo que você vem fazendo há tempos não faz parte de seu futuro. A decisão certa era óbvia, mas admiti-la plenamente levou tempo. Mesmo aceitando a proposta da faculdade, Laura lutava contra uma sensação de traição e culpa. "Fui atriz durante muito tempo", ela explicou. "Fiz sacrifícios por minha carreira. Deixei de ir a casamentos, nascimentos e funerais de entes queridos."

Ela deu o curso, mas quando o semestre terminou ainda estava em dúvida. Depois de um período afastada do mundo do entretenimento, tinha certeza de que não queria voltar. O único problema era não saber o que queria fazer. Tomar essa decisão obrigou-a a passar por um período que ela definiu como vazio. Durante cerca de dois anos, Laura simplesmente não soube o que fazer de seu futuro.

Ao longo desses dois anos, ela ampliou seu leque de opções tentando uma porção de coisas, e várias delas não funcionaram. Entre outras tentativas malsucedidas, tentou ser web designer. Comprou uma porção de livros e levou o aprendizado a sério, mas logo descobriu que não era a profissão certa para ela. A tentativa seguinte foi ser "conselheira de criatividade", o que também não deu certo. Durante essas experiências, Laura não se limitou a explorar diferentes possibilidades de negócios. Ao longo da transição, trabalhou em tempo parcial ou integral para se manter.

Aos poucos, foi percebendo no que era boa. Ajudar as pessoas a serem mais criativas não era o seu forte, mas ajudá-las com suas *carreiras* lhe parecia totalmente natural. Na verdade, era isso o que as pessoas queriam — e assim que ela percebeu que aquilo lhe era natural e que era cada vez mais procurada, suas opções se reduziram. Laura fez um treinamento e criou um perfil on-line, que a levou a novas recomendações. Passou a fazer uma série de vídeos e melhorou seu site.

Certa vez, quando ela estava preparando um sanduíche depois de uma sessão de orientação, seu marido entrou na cozinha. "Sempre sou capaz de dizer quando você acabou de falar com alguém", disse ele, "porque fica com um sorriso enorme no rosto."

Era verdade. Orientação de carreira não era só uma coisa em que Laura era boa. Proporcionava uma *sensação* incomparável em relação a qualquer outro tipo de trabalho. Era também uma atividade bem paga, em especial quando ela ampliou seu perfil e começou a oferecer cursos a pequenos grupos. Laura e seu marido tiveram há pouco tempo seu primeiro filho, e as condições de trabalho dela eram ideais para isso. Podia trabalhar tanto quanto quisesse, porém não mais que isso, e quase sempre era possível escolher os horários. O tempo que ela passava com os clientes era todo dedicado ao trabalho, e nada tinha a ver com impressionar diretores ou outras pessoas do ramo. Esse era o trabalho que ela vinha buscando.

Não pense como um CEO, pense como um zelador

Recorri ao caso de Jay-Z para mostrar uma escolha entre dois caminhos profissionais radicalmente diversos. Mas tenha cuidado para não tentar emular trajetórias para o sucesso. Em geral, um livro sobre carreiras, ou uma coluna de aconselhamento, começa com o perfil de um conhecido fundador de empresa ou de alguém que faz grande sucesso como exemplo a seguir. O autor examina a rotina diária e as prioridades dessa pessoa, depois passa a sugerir o que você deve fazer. Essas narrativas nos dizem que, se você também fizer X, Y e Z, terá tanto sucesso quanto Warren Buffett, Bill Gates ou qualquer outro figurão. Mas quer saber? O problema com esses conselhos é que aquilo que dá certo para Warren ou Bill pode não dar certo para você. Não somos todos Warren ou Bill, nem Steve Jobs, Gwyneth Paltrow ou qualquer outra celebridade famosíssima. Não somos bilionários com fortunas para investir, e não temos milhares de auxiliares a nossos pés, prontos a satisfazer nossas exigências.

Talvez a lição a aprender seja não fazer o que Warren Buffett faz, porque só existe um Warren Buffett. O que é necessário saber é o que funciona para você neste momento.

É tudo culpa do velho conselho "pense como um CEO". Você é o CEO da sua vida — prossegue o raciocínio —, portanto deve pensar como um. Mas o problema não se resume a ser o CEO da sua vida: você é também o CFO, o COO, o consultor, o presidente do conselho diretor e o zelador. Então, quando você ouve "pense como um CEO", talvez esteja precisando pensar mais como um zelador ou como um simples mensageiro.

O zelador não se senta no alto de uma torre de marfim e emite decretos, mas tem de implementar pessoalmente qualquer tarefa que elabore. Da mesma forma, sua vida não é uma empresa com milhares de empregados — é você que precisa conviver com suas escolhas e tomar suas decisões. A vida não é uma empresa. Seus objetivos e valores são diferentes. Às vezes, você pode precisar pensar como um CEO; em outras ocasiões, como o zelador, o cara que percorre o edifício inteiro, conhece todo mundo e mantém os pés no chão o tempo todo.

OS "CINCO OBJETIVOS DE VIDA" DA RECEITA DE SUCESSO DE WARREN BUFFETT

Eu disse que você não deve tentar imitar Warren Buffett no que diz respeito a investimentos, a menos que tenha 70 bilhões de dólares dando sopa. Mas, no que se refere à fixação de objetivos, o gênio de Omaha tem alguns conselhos interessantes que se aplicam a qualquer um.

Reza a lenda que certa vez Buffett pediu a um amigo em dificuldades que fizesse uma lista de objetivos da seguinte forma:

1 Primeiro, elabore a lista das 25 coisas que você mais gostaria de fazer na vida.

2 A seguir, marque as cinco coisas principais dessa lista. Faça uma escolha sensata!

3 Despreze os outros vinte itens. Trabalhe apenas em tarefas relacionadas aos cinco objetivos principais.

O princípio implícito é que você não pode se dedicar com afinco a 25 coisas importantes de uma vez. Você poderia pensar que as outras vinte continuam sendo importantes, só não tão importantes quanto as cinco primeiras. Mas não — Buffett aconselha que você se afaste o mais rápido possível dos itens não escolhidos. Escolhendo cinco objetivos, você vai se empenhar muito mais em atingi-los.

Multiplique suas cestas; limite-as depois

Você já deve ter ouvido a recomendação clássica que diz "não ponha todos os ovos numa só cesta". No momento em que se dispõe a construir uma vida de liberdade, como faz para decidir quais ovos buscar — e como imagina a cesta hipotética em que vai guardá-los? (Dica: quase ninguém sabe a resposta sem antes experimentar muito.)

Há duas teorias principais — e conflitantes — a esse respeito. Por um lado, está a que diz "faça uma coisa por vez", lançando-se de corpo e alma na carreira, no projeto ou negócio que escolheu. Segundo essa teoria, projetos suplementares e formas híbridas de trabalho distraem o foco. Se tentar misturá-los e fazer uma porção de coisas diferentes, sua atenção será dividida e cada função ou projeto sairá prejudicado.

A teoria oposta sugere que você "faça tudo", incentivando múltiplos projetos e ocupações. Essa teoria diz que a maior parte das pessoas não gosta de fazer a mesma coisa o tempo todo. Igualmente importante é o que diz essa teoria sobre a segurança e o menor risco que se corre ao dividir o tempo entre diversas atividades rentáveis.

A questão sobre pôr ou não todos os ovos numa só cesta é controversa, já que é fácil defender qualquer um dos lados — contudo, essa não é uma discussão abstrata ou hipotética. A maneira como você conduz essas decisões terá consequências reais em sua vida. Se não souber escolher entre projetos e ideias concorrentes, você estará destinado a oscilar — e a oscilação permanente *com certeza* não lhe fará bem.

Por sorte, existe um método real que vai ajudá-lo a se orientar entre as escolhas, examinando a questão dos seguintes pontos de vista.

1. Foco. Você é o tipo de pessoa que tende a se concentrar em uma coisa por vez? O clássico "faça uma coisa por vez" supõe que você só pode "arrasar" se dedicar a atenção a um só grande projeto ou objetivo. Você acredita que sua chance de excelência está em abandonar outros interesses para se dedicar apenas a um trabalho em busca de algo com todo o empenho?

2. Diversificação. Você tende a pular de um projeto a outro? Tem fama de multitarefa ou de alguém que deixa as coisas incompletas? O clássico conselho do "faça tudo" promete que você terá mais segurança se seus rendimentos vierem de diferentes fontes. O contra-argumento é que, se tentar fazer muitas coisas ao mesmo tempo, você vai se dividir demais e acabará não fazendo nada direito. Segundo esse ponto de vista, você poderia ter melhores resultados caso se concentrasse num único "ovo", ou num projeto de trabalho central.

Mas e se você ainda não tiver respostas para essas perguntas? E se tanto o foco quanto a diversificação lhe parecerem interessantes? Para falar em termos claros, a menos que tenha uma bola de cristal, no começo você não sabe mesmo o que vai funcionar e o que não vai. Você tem ideias e teorias, mas isso não se transforma magicamente em dinheiro na sua conta bancária.

Pode haver outra solução? Sim, pode.

A solução é começar com uma porção de cestas. Experimente uma grande variedade de coisas. Com o tempo, você vai descobrir algo que exige mais tempo e atenção — e nesse momento deve começar a se concentrar cada vez mais num determinado tipo de trabalho. Em outras palavras, você primeiro expande suas opções para depois limitá-las.

É provável que você trabalhe em muitas ideias e projetos diferentes, ou pelo menos em muitas versões de uma ideia ou projeto, até encontrar o que funciona de fato. Você pode não saber durante certo tempo que coisa é essa. E então, em algum momento, talvez ela apareça — ou, pelo menos, talvez apareça alguma coisa realmente promissora. É nesse momento que você dá o salto! É nesse momento que você se lança de corpo e alma. É quando começa a juntar todos os ovos e a depositá-los numa única cesta.

Eis aqui um conselho final atribuído a diversas pessoas, entre elas Mark Twain e Andrew Carnegie: "Ponha todos os ovos numa cesta, depois tome conta da cesta com todo o cuidado".

> **ELABORE UM CURRÍCULO DO FUTURO**
>
> Se você estiver com problema para descobrir sua combinação específica de alegria-dinheiro-fluxo, dedique alguns minutos a pensar em como seria seu currículo dentro de muitos anos. Podemos chamar isso de "currículo do futuro".
>
> Vamos supor, por exemplo, que você tenha acabado de sair da faculdade e trabalha como analista júnior numa empresa de eletricidade. O trabalho é interessante, mas é um cargo de início de carreira, e você quer subir e avançar o mais rápido possível. Vejamos como seria seu currículo do futuro.
>
> *Nome*
>
> *Resumo:* Ex-analista júnior, trabalhou muito e contribuiu para grandes progressos em suas primeiras atribuições; atualmente busca funções mais elevadas como comandante de tudo ou similar ▶

Formação acadêmica: Doutorado em Stanford (honorário), Oxford (on-line) e outros numerosos demais para mencionar

Experiência: Mudou o mundo, planos de continuar

Qualificações: Hábil em operar propulsores a jato e voos em gravidade zero, fluente em cinco línguas, sobe edifícios altos aos pulos.

Pretensão salarial: $$$$$$$

Horário de trabalho: Flexível

Condições de trabalho ideais: Um emprego que ofereça equilíbrio entre a atuação independente e o trabalho em equipe, com problemas na medida certa.

Talvez você não queira incluir propulsores a jato ou voo em gravidade zero em seu currículo do futuro, e pode ser que ao chegar lá fale apenas quatro línguas. No entanto, assim que tiver umas poucas ideias delineadas, seu próximo passo será escolher opções de carreira que tenham mais probabilidade de transformar em realidade os seus sonhos para o futuro. Por exemplo, se seu currículo do futuro inclui estudos avançados ou qualquer outra qualificação, verifique se pode fazer alguma coisa para dar início a esse processo agora mesmo. Ou, se suas condições de trabalho ideais envolvem uma função com mais responsabilidades, não espere que lhe ofereçam o trabalho para tentar consegui-lo. É bom olhar para o futuro ao tomar decisões no presente. Quando olhar para o futuro que imagina, você pode usar o presente para tomar iniciativas que transformarão a imaginação em realidade.

Depois de descobrir para que tinha sido talhado, Jay-Z mergulhou de cabeça nisso. Ele contrariou as expectativas, e conseguiu criar uma oportunidade para si mesmo.

Laura Simms descobriu o meio de ganhar a vida que aproveitava melhor suas habilidades. Não foi uma jornada rápida ou linear — e, depois que as primeiras ideias não deram certo, ela não hesitou em aceitar outro emprego para pagar as contas. Ainda assim, continuou insistindo e enfim descobriu um tipo específico de orientação de carreira que dava alegria a sua vida enquanto ajudava seus clientes a melhorar a deles. Ela expandiu suas opções para encontrar a solução ideal, e só as limitou quando se tornou claro que aquilo ia dar certo.

Suas opções não se limitam às qualificações que você recebeu em sua formação ou ao que fez até agora. Pode haver alguma coisa muito melhor esperando para ser testada e explorada.

PRÓXIMOS PASSOS: UMA LISTA DE OPÇÕES

A parte seguinte do livro é toda sobre estratégias específicas para diferentes tipos de trabalho. Eis um rápido resumo do que veremos daqui em diante.

Atividade paralela: Falando em termos gerais, todo mundo deveria ter algum tipo de atividade paralela. O capítulo 7 vai mostrar como você pode ganhar mais dinheiro montando um micronegócio, mesmo que nunca chegue a querer trabalhar por conta própria o tempo todo.

Você S.A.: Algumas pessoas querem se lançar de corpo e alma em sua própria empreitada. O capítulo 8 vai ajudar a dar o salto de um pequeno projeto para um grande (ou pelo menos médio) império.

Como encontrar o emprego de seus sonhos: Esqueça a atualização de seu currículo; a maior parte dos empregos dos sonhos é encontrada ou criada por métodos não convencionais. O capítulo 9 vai ajudar você a "agir fora da caixa" e encontrar o melhor empregador possível.

O empregado de si mesmo: Aprimore seu trabalho tornando-se inestimável para a empresa em que atua — e então use essa condição para garantir que o emprego continue preenchendo todas as suas necessidades.

A estrela do rock que põe a mão na massa: Músicos, artistas plásticos e escritores sabem de onde vem seu sustento, e não é de gravadoras ou mecenas como no passado. O capítulo 11 explora a nova ordem mundial, na qual se ganha a vida através de uma relação direta com fãs.

Como fazer mais de uma coisa: Algumas pessoas têm sucesso se especializando, mas outras preferem uma miscelânea e buscam diversos objetivos ao mesmo tempo. Seja qual for sua escolha, você vai aprender a construir uma vida em torno de todos os seus interesses.

Os vencedores desistem o tempo todo: Os vencedores de verdade não hesitam em cair fora de um empreendimento fracassado. O capítulo 13 vai ajudar você a dominar a arte de mudar, aprendendo quando desistir e quando insistir.

"Incrível como é bom ter um dinheiro extra entrando na conta. Conservo meu ganha-pão, mas minha atividade paralela era algo a que eu queria muito me dedicar quando tivesse tempo. Ela me deu confiança e esperança."

Hassan, 42 anos, arquiteto e empreendedor nas horas vagas

CAPÍTULO 7

Atividade paralela

OBJETIVO: Ganhar mais dinheiro

Antes de prosseguir, vamos conhecer alguns meios de complementação financeira fora do emprego convencional. Queira ou não trabalhar apenas por conta própria, você deve ter algum dinheiro entrando na sua conta independentemente de qualquer coisa, de preferência com regularidade. Eis alguns planos específicos e viáveis para fazer isso acontecer — agora.

Elle passou uma longa noite em claro, revirando-se na cama o tempo todo, tentando pegar no sono. Na verdade, não foi bem assim. Ela foi para a cama às dez da noite e dormiu na mesma hora. De manhã, ao acordar, verificou o saldo de sua conta bancária pelo telefone. Durante a noite, tinham entrado 170 dólares. *Nada mau*, pensou.

Seis meses antes, Elle tinha começado a vender acessórios de sua criação, num estilo divertido. Depois de umas poucas tentativas fracassadas, descobriu uma maneira de ter sucesso sem perder muito tempo. Durante mais ou menos uma hora por dia, respondia a e-mails de clientes. Uma vez por semana, ia ao correio para despachar encomendas, e passava parte do fim de semana fazendo marketing. No restante do tempo, trabalhava em outro emprego de meio período e cuidava da filha, que estava entrando no jardim de infância.

Já David dava duro como engenheiro industrial, produzindo semicondutores para uma grande empresa. De vez em quando, na privacidade de sua estação de trabalho, dava uma olhada em seu site pessoal. Meses antes, tinha montado um serviço de assinatura para adeptos de jogos virtuais, e estava indo bem. O dinheiro extra não bastava para viver, mas fazia uma grande diferença complementando o salário do emprego principal. Pouco tempo antes, tinha conseguido pagar uma dívida e fez uma viagem ao Caribe. Seu futuro era brilhante.

Maya trabalhava para uma instituição sem fins lucrativos. Dedicava-se com afinco à causa da alfabetização de crianças em situação de risco, e gostava muito do trabalho. O único senão era o dinheiro. Maya se sentia emocionalmente recompensada com o trabalho, mas não era bem remunerada. Tinha de pagar o financiamento do carro, o aluguel não era barato e ainda havia o incômodo crédito estudantil que tomou para estudar numa faculdade prestigiada (e cara) na área de ciências humanas.

Maya sempre tinha sido boa em tecnologia. Fez seu próprio site quando ainda estava no ensino médio, e na faculdade criou um aplicativo para um de seus muitos clubes acadêmicos. Junto com sua irmã, que também trabalhava numa área sem fins lucrativos, escreveu um e-book para ajudar a usar melhor a tecnologia para propósitos beneficentes. O e-book rendeu quinhentos dólares no primeiro mês e setecentos no segundo. Não era muito dinheiro, mas as duas gostaram da ideia de ter renda extra. Combinaram dedicar um fim de semana por mês a escrever uma continuação e talvez criar um curso on-line.

Todas essas histórias são verídicas e representam apenas uma parcela das inúmeras pessoas que também encontraram um meio de complementar a renda com um projeto prazeroso desenvolvido no pouco tempo livre de que dispunham. O princípio é: você não precisa largar seu emprego para dar início a uma atividade paralela, e essa nova atividade não precisa tomar conta de sua vida, a menos que seja essa sua vontade.

Mais dinheiro, menos problemas

O objetivo deste capítulo é proporcionar a obtenção de um meio de complementação financeira independente do seu emprego principal. Querendo ou não se tornar um empreendedor em tempo integral, *todo mundo* deveria ter algum dinheiro extra entrando na conta bancária e, se possível, com frequência. Sempre ouço falar da grande satisfação em receber rendimentos de fontes além do salário, sobretudo quando vem de projetos ou ideias de negócios criados pelas próprias pessoas.

São as ditas "atividades paralelas", já que costumam ser executadas simultaneamente a um trabalho principal, ou aos estudos. Você também pode assumir uma atividade paralela durante as férias de seu outro trabalho, como transição para uma coisa nova, ou mesmo quando já estiver em busca de outra oportunidade.

Você acha que já tem ocupações demais para assumir outro projeto? Tendo ou não, faça a pergunta: "Eu tenho o equilíbrio adequado de alegria, dinheiro e fluxo em minha vida?". Se quiser chegar a um ponto diferente daquele para o qual seu caminho atual está levando, vai precisar dar um jeito de encontrar tempo. Ter ocupações demais é uma justificativa que talvez possa se aplicar a todos, mas os verdadeiros vencedores são os que encontram tempo para fazer o que acham importante.

Se você ainda não está convencido de que ganhar um dinheiro extra é bom, deve estar lendo o livro errado. Há muitos motivos por que uma atividade paralela seria ótima para você. Vamos fazer de tudo para que isso aconteça.

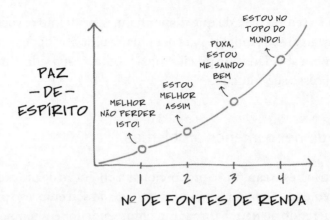

3, 2, 1 — já!

Suponhamos que você esteja convencido de que ter uma atividade paralela seria uma boa para você. Como fazer isso?

Primeiro, tenha em mente o que já vimos antes: para o trabalho da sua vida, você deve encontrar a convergência perfeita de alegria, dinheiro e fluxo — e vai chegar atendendo às necessidades reais das pessoas e oferendo soluções eficazes. Esse princípio vale também para atividades paralelas. Nesse contexto, há quatro tipos de atividades para escolher. Vejamos cada uma delas em detalhe.

1. Venda alguma coisa

Amber sempre foi artesã, e costumava vender seus produtos numa feira semanal de sua cidade, Myrtle Beach, na Carolina do Sul. Mas as vendas eram poucas, e o número de clientes, limitado. Fora da temporada de turismo, eram sempre as mesmas pessoas as que passavam pela feira. Há alguns anos, Amber descobriu o Etsy, site de vendas on-line para artesanato. Depois de disponibilizar alguns itens e ter bom retorno, ela diversificou e em pouco tempo tinha mais de trezentos produtos em oferta simultaneamente. (Não é difícil administrar isso, ao contrário do que pode parecer, já que ela reaproveita grande parte da informação referente a um produto para outros similares.)

Amber ganha agora um adicional de 450 dólares por mês com pouquíssimo trabalho extra. Como é mãe solteira e trabalha como enfermeira durante o dia, o dinheiro veio muito bem a calhar.

O que *você* poderia vender? Observe o que as pessoas estão comprando. Em que seus amigos gastam dinheiro. Preste bastante atenção, porque com esforço e experimentação é quase certo você vai descobrir alguma coisa que funcione.

Caso nunca tenha vendido nada e não faça nem ideia de por onde começar, ganhe alguma experiência listando algumas mercadorias num site de leilões — mesmo que sejam apenas as coisas que você tenha sobrando em casa. Esse pode não ser o melhor plano no longo prazo (você vai acabar ficando sem nada para vender), mas ajuda a ganhar confiança (e uma casa mais organizada) muito rapidamente. Veja algumas dicas para isso nos quadros das páginas 142-3.

2. Ofereça um serviço de consultoria

Desde a primeira vez que escrevi sobre a ideia de me tornar um "consultor instantâneo" em meu blog e em livros anteriores, ouvi centenas de histórias de pessoas que conseguiram dominar uma técnica específica, ou um determinado conjunto de conhecimentos, e depois ganharam dinheiro ensinando a outras pessoas essa competência.

Meu exemplo predileto, que já mencionei muitas vezes em palestras e conversas, é o de Gary Leff, um viajante que criou uma série de empreendimentos lucrativos enquanto continuava trabalhando em tempo integral como CFO. Depois de anos ajudando amigos e colegas a usar as milhas acumuladas em programas de fidelidade para conseguir passagens em voos longos e itinerários complexos, ele montou um serviço pago para atender a qualquer pessoa ocupada demais, ou que não tivesse a informação necessária, para providenciar pessoalmente as reservas.

Outro grande exemplo é o de Harry Campbell, engenheiro estrutural de 27 anos. Numa tentativa de ganhar algum dinheiro extra, começou a dirigir para o Uber à noite e nos fins de semana (mais informação sobre a carona remunerada logo adiante). Em pouco tempo, Harry observou que as horas escolhidas por ele para dedicar ao trabalho faziam uma grande diferença no número de clientes a que atendia e, portanto, em seus ganhos. Curioso, procurou saber pela internet se outros motoristas estavam tendo experiências parecidas, mas não achou muita coisa. Então começou a escrever suas próprias observações sobre os melhores horários para oferecer o serviço, publicando-as primeiro num blog e depois num podcast.

As informações compartilhadas por Harry logo ficaram conhecidas. Havia dezenas de milhares de pessoas prestando o mesmo serviço, mas, como a atividade era tão recente, não existiam muitas fontes de notícias e sugestões. A pedido de muitos motoristas, ele começou a oferecer consultoria paga para ajudá-los a ganhar mais dinheiro "trabalhando de modo mais inteligente em vez de trabalhar mais". Essa atividade tornou-se agora *outra* fonte de renda para ele, que continua atuando como motorista nos horários de pico.

3. Torne-se um intermediário

Se você não quiser oferecer um serviço e não tem nada para vender, ainda assim pode vender algum produto ou serviço em nome de outra pessoa e ganhar dinheiro com isso. Para tanto existe uma coisa chamada "programa de afiliados", e é um negócio grande, potencialmente muito lucrativo.

Marie Forleo é uma empreendedora que transformou o programa de afiliados numa espécie de arte. Todos os anos ela relança seu popularíssimo curso on-line B-School, com oito semanas de sessões intensivas projetadas para ajudar as mulheres (e alguns homens) a dominar as técnicas básicas de um negócio on-line. Dezenas de milhares de pessoas já fizeram o curso, e há grande mobilização para a inscrição sempre que se abre a "temporada do B-School".

Seja qual for a maneira como você descubra o curso, B-School é ótimo, mas está crescendo a passos tão largos em parte porque Marie teve bastante êxito ao formar um pequeno exército de afiliados, ex-alunos do curso que recomendam o programa em troca de uma comissão. Como acreditam firmemente no programa, muitos ex-alunos dedicaram muita criatividade e esforço em seus planos de promoção — e alguns deles tiram lucros importantes com os resultados. Mas isso exige tempo e esforço, o que mostra que não basta acrescentar um link em seu site e esperar que algo mágico aconteça. Você tem de trabalhar para isso!

O segredo para ganhar dinheiro como afiliado reside em saber tirar vantagem de pelo menos uma das seguintes forças de mercado: algum tipo de vantagem tecnológica (melhores resultados em um mecanismo de busca, por exemplo); ou ser uma "autoridade" na opinião das pessoas interessadas em comprar alguma coisa que você recomende.

Em um de meus empreendimentos, <CardsforTravel.com>, ganho comissões recomendando os melhores cartões de crédito para leitores interessados em turismo. É uma relação de ganha- ganha, já que ao contratar o cartão os clientes ganham polpudos bônus de pontos que podem ser trocados por passagens para viajar pelo mundo.

Dependendo de seus interesses e do número de pessoas que você alcance, um programa de afiliados pode ser uma ótima atividade paralela. Um aviso, porém: minha caixa postal está sempre cheia de mensagens de pessoas que falam do melhor e mais recente programa de marketing de rede, e quase nunca essas oportunidades valem a pena. Pode haver exceções, mas a maior parte desses programas favorecem as pessoas que os fundaram em detrimento das que entraram depois. A menos que encontre resultados mensuráveis que demonstrem a eficácia do programa para você, é melhor procurar outra coisa.

4. Participe da economia compartilhada como fornecedor

Tendências e serviços específicos podem aparecer e sumir, mas a "economia compartilhada" — plataformas e serviços que permitem que pessoas comuns aluguem suas coisas quando não estão usando — veio para ficar. Uma avalanche de fornecedores independentes contribui com seu trabalho (e às vezes veículos, ferramentas e casas) nesse modelo de negócios, e você pode fazer parte disso. A maioria das oportunidades não é de tempo integral, e muitas delas admitem que você trabalhe em horários flexíveis.

As ideias a seguir podem ajudar você a pensar em algo novo para fazer.

* *Carona.* Jaime veio me apanhar com seu carro a caminho do trabalho. Nunca tínhamos nos visto, mas usei o aplicativo Uber no celular para pedir transporte, e ele chegou em poucos minutos. Jaime tinha um emprego em tempo integral, portanto a atividade no Uber era secundária. Sua rotina era bem definida: saía de casa uma hora mais cedo pela manhã e ia para o aeroporto. Em geral, as corridas que fazia para pessoas que chegavam de viagem rendiam uma remuneração melhor que a média. Depois de deixar seu primeiro passageiro, na maior parte das vezes ainda sobrava tempo para mais uma ou duas corridas. À tarde, antes de voltar para casa, ele dedicava mais uma hora ao mesmo serviço. Ganhava 260 dólares a mais por semana com essa atividade paralela.

* *Rede de serviços.* Rachel chegou a minha casa contratada por meio de um portal on-line chamado TaskRabbit. Naquela manhã, eu tinha postado um anúncio pedindo uma pessoa que devolvesse alguns objetos a uma loja. Rachel aceitou o serviço, chegou na hora marcada e devolveu as mercadorias. Depois que ela concluiu a tarefa, o débito no valor da tarifa combinada apareceu de imediato em meu cartão de crédito. Fiquei satisfeito e ela também — e fizemos uma avaliação positiva um do outro no site. Quando voltei ao site, observei que Rachel tinha executado mais de cem

tarefas para outros usuários. Pareceu um bom número, e mandei a ela um e-mail perguntando como estavam indo as coisas. Ela me contou que era professora e trabalhava em tempo integral, mas tinha tempo livre nas férias e alguma flexibilidade durante o ano letivo. Em seu tempo ocioso, ela prestava pequenos serviços remunerados, desde devolver produtos a ficar na fila de ingressos para um show. Poupava tudo o que ganhava no TaskRabbit para viajar, e seu objetivo atual era ir à Islândia com o namorado.

- *Propriedade compartilhada*. Depois de anos morando de aluguel em um pequeno flat, Maylene e Charity compraram uma casa muito maior. Elas precisavam de mais espaço? Na verdade, não — o que elas queriam era alugar um quarto extra para turistas por intermédio do Airbnb, o popularíssimo site de aluguel de propriedades direto com o proprietário. Alugar um espaço em casa era divertido e rentável, mas elas logo notaram outra grande carência: muitos outros proprietários gostavam da ideia de ter um rendimento adicional, mas não queriam lidar com os problemas da administração dos imóveis. Maylene e Charity decidiram então executar um outro projeto, oferecendo-se para administrar todos os aspectos do aluguel de imóveis por temporada. Nesse caso, o projeto paralelo ampliou-se e se tornou uma atividade de tempo integral.

É possível que nem todos esses serviços e plataformas estejam disponíveis onde você mora, e alguns deles podem mudar com o tempo. Isso é normal. A questão é que todas as pessoas dos exemplos citados estão recebendo um pagamento acima da média por seu trabalho, mantendo a flexibilidade de que precisam para suas demais atividades profissionais. Isso não é pouco!

5. Torne-se um locador digital

Há toda uma indústria de livros e palestras sobre a compra e a administração de propriedades de aluguel. Então, qual é o problema?

Bem, para começar, na maioria dos casos você vai precisar de um grande capital.

A atividade toma tempo, e muitas coisas podem dar errado. A menos que você saiba muito bem o que está fazendo, há boas razões para procurar outro caminho.

A alternativa é investir na criação de ativos digitais que dão dinheiro desde o início.

	INVESTIMENTO TRADICIONAL EM PROPRIEDADE IMOBILIÁRIA	CRIAÇÃO DE UM ATIVO DIGITAL
Capital exigido	Alto	Baixo
Crescimento esperado	Variável	Variável
Manutenção exigida	Moderada a alta	Baixa a alta

Nota: Sempre haverá exceções, e o investimento em imóveis é ótimo para quem tem muito capital. Mas quase todo mundo pode tentar os ativos digitais e, a menos que você esteja investindo as economias de toda uma vida (dica: não faça isso), o risco em geral é muito menor e a velocidade de retorno muito maior.

Quando eu era adolescente, fui entregador de pizza. Na época, o pagamento por hora trabalhada e as gorjetas representavam um bom dinheiro para mim, mas eu não poderia viver daquele trabalho quando fosse adulto e tivesse contas a pagar. O mundo sempre vai precisar de entregadores de pizza, mas em geral é mais inteligente (e mais lucrativo) executar serviços que proporcionem rendimentos mais elevados, como os que citamos anteriormente. Com um celular e uma conta bancária, *qualquer pessoa* pode ter acesso a um leque melhor de oportunidades de complementar sua renda.

Ganhe dinheiro enquanto dorme, determine seus rendimentos mínimos e mantenha uma reputação fora de série

Vamos voltar às historinhas do início deste capítulo. Será que você pode mesmo ganhar dinheiro enquanto dorme? Muita gente consegue, por isso não deixe de participar dessa festa.

Se decidir tentar, estas dicas podem ajudar:

Determine quais serão os seus rendimentos mínimos. Se você decidir mesmo se meter na toca do coelho que são as ideias deste capítulo, provavelmente não deixará de encontrar oportunidades. Nas páginas 148-9 há um exercício para ajudar você a decidir qual oportunidade seria a melhor, mas é uma boa ideia determinar a renda mínima pretendida. Isso vai auxiliar na decisão sobre quais opções valem seu tempo e quais não. Às vezes escolhemos fazer coisas não muito bem remuneradas, e tudo bem, mas por definição uma atividade paralela deve render o bastante para justificar sua execução.

Preço baseado em valor. Se você está procurando uma solução empreendedora em vez de embarcar num serviço já existente, não determine o preço de seu produto ou serviço com base no tempo que consome. O preço se baseia no valor oferecido. Com poucas exceções, o tempo empregado não deve ser o fator mais importante na precificação. O mais importante é a melhora que seus clientes experimentam em sua vida. Pense nesse valor quando for determinar um preço.

Por fim, lembre-se de que sua reputação é seu bem mais precioso. Em especial nos serviços da economia compartilhada, na qual praticamente todos os sites proporcionam espaços para avaliações e comentários sobre o que foi oferecido, ter uma boa reputação (e classificação, se for o caso) é decisivo. Mova céus e terras para ter certeza de que as pessoas estão satisfeitas. Sempre vai haver algum mal-humorado que encontra alguma coisa para reclamar, mesmo que receba um serviço impecável. Mas qualquer avaliação negativa que você venha a receber deve ser contrabalançada com muitas outras positivas.

DOZE LIÇÕES SOBRE COMO GANHAR A VIDA NO EBAY

Há muito tempo, numa galáxia distante, iniciei minha vida de empreendedor comprando e vendendo coisas pelo eBay e outros sites de leilão. Eu não era o único — toda uma geração começou a ganhar dinheiro por conta própria por meio de sites de leilões. Uma dessas pessoas foi Amy Hoy, uma estrategista de Filadélfia que mais tarde abriria diversos outros negócios.

Como eu e outras pessoas, Amy descobriu um jeito simples de ganhar dinheiro: comprando coisas num lugar e vendendo-as em outro. Depois de milhares de leilões, aprendeu o que dava certo e o que não dava. Ela escreveu as instruções que transcrevemos a seguir para ajudar as pessoas a fazer algo similar. (Já usei muitas delas, mas Amy fez um excelente trabalho registrando-as por escrito, portanto continuamos com sua lista. Obrigado, Amy!)

- Comece com um lance mínimo bem baixinho (como 99 centavos). Lances mínimos mais elevados atraem menos lances; valores mais baixos envolvem mais gente e dão uma sensação de aventura e esperança.
- Não fixe um preço de reserva, ou, se o fizer, informe qual é — nada desestimula mais os interessados do que uma barreira misteriosa que eles não sabem qual é nem sabem se poderão ultrapassar.
- Quanto mais fotos melhor; não importa que não mostrem nada de "novo".
- Mesmo no caso de um objeto produzido em massa, ponha fotos do próprio item que você está vendendo.
- Se tiver uma grande quantidade do mesmo objeto, alterne o leilão deles com o de outros itens.
- Fale sobre o objeto, sobre como é usado, por que é útil, por que é uma boa escolha e até dos casos em que ele não seria uma boa escolha.
- Faça uma descrição pessoal e personalizada do objeto. Conte

como o conseguiu, se é um tipo de produto muito sujeito a falsificações (acessórios fotográficos, por exemplo), diga há quanto tempo tem o objeto, por que está vendendo, em quanto tempo pode despachá-lo.

- Monte uma historinha sobre como o comprador pode usar o objeto e aproveitá-lo bem em sua vida. O abajur Noguchi de papel de arroz vai dar um ar sofisticado e cosmopolita a sua sala? Diga isso!
- Inclua sempre medidas, idade, fabricante e outros detalhes específicos.
- Sempre use os termos (em especial nos campos de busca) que seus compradores valorizem e provavelmente usarão. Você não tem ideia de quanta gente procura por um "quadro" e não uma "tela" ou "paisagem".
- Se o produto tiver um defeito, esclareça o problema em detalhes, e explique por que isso não afetará sua utilidade.
- Seja absolutamente sincero o tempo todo.

Nota: Como acontece com outras táticas e mercados, o eBay pode não estar disponível onde você mora, ou pode ter perdido importância quando você estiver lendo isto. As regras gerais ainda assim se aplicam.

Em busca do veio de ouro

Nos tempos da corrida do ouro original, os pretendentes a garimpeiro lotavam os trens que iam para a Califórnia na esperança de enriquecer. Muitos se frustraram, mas outros conseguiram. Equivalentes modernos de um veio de ouro ainda existem, e hoje são mais fáceis de descobrir. Exigem muito menos investimento e riscos — não é preciso vender tudo e pegar um trem.

Benny Hsu, cuja história você vai conhecer em mais detalhes no próximo capítulo, ganhou mais de 100 mil dólares desenhando camisetas que vendia por meio de anúncios no Facebook. Graças a uma nova tecnologia e a muito esforço criativo, ele nunca teve uma única camiseta em estoque — outra empresa fazia isso, deixando-o livre para se concentrar apenas no design.

Em Vancouver, no Canadá, um empreendedor criativo fundou a Pirate Joe's, uma mercearia dedicada exclusivamente à venda de produtos comprados em Bellingham, no estado de Washington, a uma hora de distância, do outro lado da fronteira americana. Muitos dos moradores de Vancouver são fãs dos produtos Trader Joe's, conhecidos pela qualidade e pelos bons preços, mas a loja não tem filiais no Canadá. Mike Hallatt, o fundador, faz incursões periódicas ao outro lado da fronteira para comprar dezenas de milhares de dólares em produtos. Esse comércio não é ilegal, mas a Trader Joe's teme a concorrência e está tentando acabar com ele. (Aproveite o veio de ouro enquanto é tempo, Mike.)

Já encontrei meu veio de ouro na publicidade on-line. Enquanto experimentava uma atividade paralela que comecei quando trabalhava na África Ocidental como voluntário, imaginei um truque para sempre ganhar mais dinheiro do que gastava comprando anúncios no Google e direcionando o tráfego a um site de geração de leads, que me pagava uma comissão.

Mas, infelizmente, as possibilidades não eram infinitas! Eu podia por exemplo gastar 300 dólares e ganhar 350 (e embolsar cinquenta), e algumas vezes podia gastar 1000 e ganhar 1200 (um lucro de duzentos), mas não dava para ir muito além disso. Mesmo assim, era ótimo poder gastar uma quantia à noite e ter recuperado o dinheiro com alguma margem ao acordar de manhã. Depois de um ano, a oportunidade desapareceu porque outras pessoas a descobriram e o mercado ficou saturado, mas até que isso acontecesse consegui poupar meus ganhos e usei-os para pagar uma pós-graduação bem dispendiosa. As oportunidades estão sempre nos rondando e, quando se fecha a porta para um veio de ouro, outra se abre. Aproveite a porta aberta!

Para encontrar um veio de ouro, não seja diferente, seja trivial

Muita gente empaca na busca de uma "grande ideia". Mas, como vimos no capítulo 5, você não precisa necessariamente de uma para ter grandes lucros. Só precisa de uma ideia útil. Pense no cara que inventou o porta-copos. Claro que não é tão atraente quanto criar o último modelo de smartphone. Mas, se você estiver dirigindo e quiser levar uma bebida, um porta-copos vem bem a calhar.

Pense também em alguns dos exemplos que viu neste capítulo. Harry Campbell, o sujeito do aplicativo de carona, deu dicas muito úteis para novos motoristas que querem ser mais eficientes. Mike Hallatt fundou a Pirate Joe's no Canadá para importar produtos alimentícios para os quais ele sabia que havia um mercado. Mais uma vez, *ser útil* é o valor mais alto.

As seguintes qualidades são bons indicadores de um potencial veio de ouro:

- Um grande mercado não atendido.
- Uma nova tecnologia que muita gente não sabe como usar ou incorporar.
- Confusão ou incerteza sobre como participar da novidade.
- Alguma coisa que as pessoas querem, mas à qual não têm acesso (petiscos "ilegais" vindos do outro lado da fronteira).
- Alguma coisa vista como escassa, ou que cause medo de ficar de fora.

Lembre-se, sempre faça tudo para atender a necessidades e resolver problemas. E, quando encontrar um possível veio de ouro, aja rápido. Experimente, mesmo que não tenha certeza do que vai acontecer. Se der certo, você pode se aperfeiçoar. Caso contrário, bem... você não investiu tanto tempo assim e pode ir em frente sem dificuldades.

Dezenove dias para uma atividade: um cronograma

Quando você estiver dando a partida em sua primeira atividade paralela, pode ser difícil saber como começar. Eis um cronograma para você entrar em ação. Dedicando uma hora por dia durante dezenove dias, você vai ter decolado antes que se passe um mês.

Dia 1: Comece pelo começo! Decida qual vai ser sua atividade paralela. Que capacidades você vai empregar? Qual paixão vai mobilizar? Que problema vai resolver?

Dia 2: O que você vai oferecer? Tome uma decisão: será um produto, um serviço, um híbrido de ambos? Como você vai ganhar dinheiro com sua atividade paralela?

Dia 3: Pense em como seriam os clientes ideais para essa ideia. Quem são e quais são seus problemas? Se tiver cinco clientes, o que eles vão ter em comum?

Dia 4: Prepare um orçamento. Determine todos os custos indispensáveis e mantenha-os no nível mais baixo possível.

Dia 5: Anote três vantagens que sua nova atividade proporciona. Isso é importante porque as vantagens que você oferece valem mais que quaisquer outros detalhes ou características.

Dia 6: Decida quanto vai cobrar pelo que oferece.

Dia 7: Crie um site simples, de uma só página. Não precisa ser complexo ou bonito. Para um guia rápido de como ter um site em menos de uma hora, visite <BornforThisBook.com> (em inglês).

Dia 8: Inclua uma página de vendas bem simples para seu site. Mais uma vez: não precisa ser complicado. Pense apenas naquilo que você está oferecendo e como vai ajudar as pessoas. E explique o que elas precisam fazer para comprar ou assinar.

Dia 9: Escreva uma seção de "Perguntas frequentes" para seu site. Pense em que perguntas *você faria* se tivesse contato com seu site pela primeira vez. O que você gostaria de saber?

Dia 10: Acrescente um botão do PayPal (ou outro mecanismo de pagamento) a seu site de uma página. Lembre-se, se você não tiver um meio de ser remunerado, o que está fazendo é hobby, não trabalho.

Dia 11: Como alternativa, ofereça-se para mandar a fatura do serviço para seus clientes. Se escolher essa opção, certifique-se de que exista uma maneira clara de receber o pagamento antes de entregar todo o trabalho.

Dia 12: Mostre o esboço de seu projeto a três pessoas e peça sua opinião. Para melhores resultados, não consulte apenas amigos; consulte pessoas com a formação ou perfil que se enquadrem no perfil que você identificou no Dia 3. Peça uma opinião sincera e certifique-se de que eles vão questionar o que não lhes parecer claro.

Dia 13: Largada! Publique sua oferta ou seu site. Parabéns — mas não comemore demais porque ainda há muito a fazer.

Dia 14: Fale com seus amigos. Conte o que está fazendo e diga como eles podem ajudar a divulgar seu trabalho.

Dia 15: Fale com outros conhecidos — amigos de amigos, colegas, antigos companheiros de classe. Não procure vender diretamente para eles, peça que indiquem seu projeto a pessoas a quem ele possa ser útil.

Dia 16: Fale sobre sua oferta nas redes sociais. Mais uma vez, não force a venda, limite-se a mostrar o que está fazendo.

Dia 17: Peça a seu primeiro cliente que dê sua opinião sincera. Do que ele gostou, e em que você pode melhorar?

Dia 18: Relargada! Reúna o que aprendeu até agora e identifique alguns pontos de ajuste. O preço precisa ser ajustado? Você precisa dar mais informações na página de vendas? Crie um novo começo com sua nova proposta.

Dia 19: Da mesma forma como os varejistas emolduram o primeiro dólar que ganham, encontre uma forma de comemorar quando receber seu primeiro cheque, ou o primeiro e-mail de um cliente, ou qualquer coisa desse tipo. O principal é extrair alegria de seu sucesso e, melhor ainda, sabendo que o melhor está por vir!

Nota: *Não é essencial que você siga à risca o dia a dia, mas o processo geral sim. Prossiga em consonância com ele e adapte-se à medida que constrói sua atividade.*

Quanto dinheiro vai render seu projeto?

Não seria ótimo que você soubesse exatamente quanto dinheiro sua atividade paralela vai render? A menos que suas vendas ou seus clientes estejam de alguma forma predeterminados, talvez não seja possível fazer uma estimativa precisa — e tudo bem, porque, se o negócio decolar, é bom ter surpresas agradáveis.

No entanto, você pode fazer *algum* tipo de estimativa. Enquanto avalia diferentes opções e ideias, conhecer o rendimento potencial de cada uma delas pode ajudar a tomar decisões.

No capítulo 4, você conheceu Daniel Vlcek, o imigrante tcheco que ficou surpreso ao descobrir que podia manter um bom padrão de vida com uns poucos clientes. Essa revelação foi essencial, porque antes de começar a trabalhar por conta própria ele imaginava que teria de conseguir uma montanha de clientes antes de "se firmar".

Veja como você pode fazer suas estimativas.

Ferramenta de Projeção de Renda

Exemplo de Projeto 1: Crie uma ratoeira melhor

Este projeto de produto supõe que você tenha descoberto uma maneira de construir alguma coisa (neste caso, uma ratoeira) de custo fixo por unidade.

Custo para começar: US$ 250

Preço de venda por unidade: US$ 50

Despesas por unidade: US$ 10

Lucro por unidade: US$ 40

Venda de uma ratoeira por dia = US$ 40 de lucro

Venda de três ratoeiras por dia = US$ 120 de lucro

Número máximo de ratoeiras por dia = US$ 300 (Tecnicamente, não há limite para o número de unidades de um produto físico que se pode vender. No entanto, em muitos empreendimentos de negócios, a tendência é bater num "teto" natural depois de algumas experiências. Se não souber qual é o teto, aposte baixo.)

Resultado: se vender uma ratoeira por dia, vai ter um lucro médio de 1200 dólares por mês. Cada ratoeira adicional acrescenta quarenta dólares por dia.

Exemplo de Projeto 2: Revisão de currículos

Este projeto baseado em um cronograma supõe que você tenha acesso a um número estável de pessoas que precisam do serviço que está oferecendo. Nesse caso, não há um custo fixo por unidade, mas o emprego do tempo é particularmente importante, visto que é um recurso limitado.

Custo para começar: US$ 100

Preço de venda por serviço: US$ 200

Tempo comprometido em cada serviço: 90 minutos

Venda de um serviço por semana: US$ 200

Máximo de serviços por dia = 1

Resultado: se vender um serviço de revisão de currículo por semana, você ganhará uma média de oitocentos dólares por mês em troca de seis horas de trabalho. Considerando 22 dias úteis por mês, o máximo que poderia ganhar nesse cenário seriam 4400 dólares por mês em troca de 33 horas de trabalho.

É claro que há métodos de análise muito mais detalhados em caso de necessidade de estimativas mais precisas. O propósito deste método é a *simplicidade*. Na maior parte das vezes, você vai precisar apenas de uma ideia geral do que é possível e que tipo de investimento vale seu tempo. A verdade é que nunca se sabe se um projeto vai decolar ou não. Esse tipo de exercício vai lhe mostrar quando vale a pena tentar.

Pode parecer óbvio, mas, ao escolher entre diferentes ideias igualmente atraentes, prefira a que tem maior potencial de rendimentos. No meu caso, uma vez tive de decidir entre fazer uma série de cartazes para uma marca e criar um curso on-line. Ambos os projetos me interessavam, mas eu não tinha tempo para os dois. Fiz uma análise de rendimentos e a resposta foi clara: fazer os cartazes seria divertido, mas tinha pouquíssimo potencial de ganhos. O curso on-line também seria divertido e trazia a possibilidade de fazer ganhar mais dinheiro. Escolhi o curso.

O produto de 24 horas

Depois de passar alguns anos trabalhando numa série de projetos de software, Nathan Barry, nascido no estado de Idaho, tinha aprendido muita coisa sobre a criação de produtos. Chegou a escrever um livro sobre o assunto em apenas sessenta dias. Mas, mesmo empenhado em tempo integral num projeto que esperava ter sucesso ainda maior que os anteriores, também tinha vontade de experimentar coisas novas de vez em quando.

Durante muito tempo, teve em mente uma ideia, mas não queria distrair a atenção total que dedicava ao trabalho que lhe ocupava todo o tempo. O que fazer? Você pode ter adivinhado a resposta a partir do título acima: Nathan decidiu criar o produto completo, um guia chamado "10 Days to Better Design" [Dez dias para um design melhor], em apenas 24 horas.

O experimento foi executado em público, com atualizações em seu videoblog mais ou menos de hora em hora ao longo do dia.

Nas primeiras horas, ele delineou o guia e, junto com os seguidores entusiasmados, levantou possibilidades de nomes. Quando foi para a cama, já tinha pronta grande parte do que queria. Na manhã seguinte, levantou-se às 5h15 e trabalhou com afinco num website básico.

Como prometera, Nathan estreou o guia dentro do prazo de 24 horas. Não estava com *tudo* pronto, mas quase. Mais de noventa pessoas compraram o guia imediatamente, dando-lhe um retorno de pouco mais de mil dólares. Um dia e meio depois, à medida que mais gente tinha contato com o experimento, ele havia ultrapassado os 3 mil dólares. Nada mau para um dia de trabalho!

Quatro perguntas e meia a responder quando você criar seu próprio produto de 24 horas

Encare esse experimento como seu próprio "hackathon", um evento comum em círculos de tecnologia em que pequenos grupos concorrem para lançar start-ups ou resolver um problema determinado em pouco tempo, usando cafeína como combustível e fazendo intervalos ocasionais para uma partida de pingue-pongue. Você também pode usar esse modelo para criar um produto, ainda que inacabado, num curto período. Vai precisar de apenas 24 horas e, para sermos justos, um pouco de preparo antecipado para saber em que está se metendo.

O plano de ataque não é muito diferente do cronograma de Dezenove Dias para uma Atividade mostrado nas páginas 146-8, só que um tanto mais acelerado. E, se você vai executá-lo num único dia, precisa decidir algumas coisas agora.

1. Qual é o produto?

Se você vai fazer alguma coisa em 24 horas, o mais provável é que se trate de um produto baseado em conhecimento. Leve em conta o que você sabe que possa ser ensinado em forma de texto, áudio, vídeo ou algum outro formato.

2. Como vai vendê-lo?

Simplifique. A menos que tenha um modo fácil de despachar seu produto de 24 horas, prefira distribuí-lo pela internet.

3. Quanto vai custar?

A precificação com base na utilidade é sempre boa, mas você provavelmente não vai poder cobrar uma fortuna por algo criado tão depressa. Além disso, no caso de um produto, você precisa tentar fazê-lo chegar às mãos do maior número possível de pessoas.

Ah, tem mais uma coisinha importante...

4. Como você vai fazer para atrair outras pessoas?

O projeto de 24 horas de Nathan foi um sucesso porque ele convidou gente para segui-lo e participar do processo. Na verdade, ele pediu a colaboração dessas pessoas, criando um documento público no qual qualquer pessoa poderia formular perguntas e dar sugestões sobre o nome definitivo do produto. Isso criou uma experiência compartilhada interessante para os demais e motivadora para Nathan, em especial quando recebia comentários do tipo: "Isso é divertido, vou comprar seja lá o que for que isso venha a ser assim que estiver pronto".

Pergunta adicional: o que você está esperando?

O DIA DA "GRANA EXTRA" (TAMBÉM CHAMADO COMO GANHAR UM POUCO DE DINHEIRO QUANDO VOCÊ QUISER)

Eis uma atividade divertida: de vez em quando, reserve umas horas, de preferência a maior parte de um dia de trabalho, para imaginar coisas que possam ser feitas para melhorar ou aumentar seu atual fluxo de caixa.

Eu costumava chamar esse dia de "dia das finanças pessoais", mas depois tive uma ideia melhor: o conjunto de tarefas como essas poderia ser chamado de "dia da grana extra" — um dia reservado para pôr em ordem seu trabalho e suas finanças, com o objetivo de ganhar mais dinheiro.

Eis algumas coisinhas em que normalmente trabalho durante um dia da grana extra. É claro que as suas podem ser diferentes.

Venda as coisas que não usa. Há pouco tempo, percebi que tinha comprado um par de sapatos que nunca usei. Já era tarde demais para devolvê-lo à loja, mas eu poderia vendê-lo num brechó local por 44 dólares.

É claro que você pode encarar isso como um prejuízo, já que os sapatos tinham custado mais do que esse valor. De fato, mas a questão é que eles não estavam sendo usados. Guardados no armário, não tinham valor nenhum, mas com uma providência que me custou cinco minutos eles se transformaram em 44 dólares.

Confira a fatura de seu cartão de crédito ou débito. Fiz isso há pouco tempo, e descobri que minha operadora de celular tinha cobrado mais de cem dólares indevidos durante uma viagem que fiz ao Canadá. Também descobri um débito duplicado lançado por outro credor. Entrei em contato com a administradora, e esses lançamentos foram estornados. Seria um dinheiro suficiente para começar uma nova atividade, mas, se eu não tivesse conferido a fatura, o dinheiro simplesmente teria sumido.

Cancele os serviços que não usa. Há alguma coisa pela qual você

153

esteja pagando, mas não usa? Cancele-a e mantenha esse valor em sua conta todos os meses, como um dinheiro extra. Bingo.

Outras coisas que você pode fazer...
- Fale com sua operadora de celular e seu provedor de internet e renegocie os contratos;
- Verifique as taxas de juros dos cartões de crédito ou contas de investimentos; ligue para a administradora dos cartões e tente negociar juros mais baixos;
- Reequilibre sua carteira de investimentos (se tiver uma);
- Abra uma nova poupança para um bônus de incentivo;
- Determine metas financeiras, de curto e longo prazo.

O que mais você acrescentaria a esta lista?

Como conciliar uma atividade paralela com o trabalho que você faz?

A esta altura, você deve estar se perguntando o que a venda de produtos alimentícios tem a ver com encontrar o trabalho da sua vida? Como transportar passageiros do Uber ou limpar casas de estranhos por meio de um serviço on-line pode contribuir para a felicidade? Mas lembre-se de uma coisa: atividades paralelas costumam gerar uma grande satisfação em troca de um investimento relativamente pequeno de tempo e esforço. Elas permitem que você continue se dedicando a seu trabalho principal enquanto explora outras paixões e ambições nas horas vagas.

Além disso, também agregam diversidade a sua vida profissional. Mesmo que esteja totalmente satisfeito e tenha encontrado o trabalho para o qual nasceu no seu emprego atual, você gostaria, como todo mundo, de variar um pouco de vez em quando. Além disso, muitas atividades secundárias acabam se transformando numa coisa maior. Às vezes, proporcionam a motivação ou a inspiração para a mudança de rumo profissional que você sempre quis, ou para o negócio que sempre quis abrir. Elas podem proporcionar a rede de proteção econômica que lhe permitirá assumir novos riscos ou executar um grande plano.

Mesmo não sendo tudo isso, elas permitem que você sinta o gosto do dinheiro extra entrando por alguma coisa que você fez. O resultado é que uma atividade paralela pode ser um meio de baixo risco e baixo comprometimento para testar alguma coisa mais importante — e ao mesmo tempo ganhar algum dinheiro. Não há por que não tentar, e existem muitas razões para que acabe sendo uma grande vantagem.

Não se deixe imobilizar pela paralisia da indecisão. Determine seus rendimentos mínimos e comece a garimpar!

"Ganho muito mais dinheiro do que em meu emprego anterior, e provavelmente mais do que conseguiria em qualquer tempo se tivesse permanecido na antiga profissão. Pode ser difícil criar a própria fonte de renda, mas depois de ultrapassar essa barreira você terá potencial para fazer muito mais do que já fez."

Alexis, 34 anos, fundador de uma empresa de marketing de conteúdo

CAPÍTULO 8

Você S.A.

OBJETIVO: Construir um pequeno império

Às vezes, o emprego que você quer não existe — e em geral isso acontece porque na verdade você não quer um trabalho, quer ter pleno controle sobre seus rendimentos e sua carreira. Muita gente que trabalha por conta própria acredita realmente que esse seja o caminho profissional mais seguro e garantido. Este capítulo é para aqueles que querem parar de trabalhar para terceiros e tomar as rédeas de sua vida nas próprias mãos — sem fazer um curso de administração de empresas e sem se endividar.

Há um princípio empresarial clássico que fala na "vantagem da primeira jogada". Isso quer dizer que, mantidas em equilíbrio todas as demais variáveis, a empresa que entrar primeiro no mercado em geral será a líder. Segundo essa teoria, não é necessariamente impossível superar o primeiro a jogar, mas ele terá sempre a vantagem de sair primeiro.

A vantagem da primeira jogada se aplica a uma porção de ramos de atividade e mercados, mas, quando se trata de montar uma pequena ou média empresa (a sua), pode ser melhor ser o segundo, o terceiro ou décimo a entrar no mercado.*

Lembre-se da parábola da minhoca madrugadora. Sempre nos disseram que as aves madrugadoras são as que pegam a minhoca, e talvez seja verdade. Mas e se você for a minhoca? Se acordar cedo e espichar o pescoço antes que as demais, com certeza será devorada. Se estiver espichando o pescoço para um novo mercado, ou um novo empreendimento, é bem melhor ser uma minhoca preguiçosa. A ave que acorda cedo come a minhoca, mas a minhoca preguiçosa fica viva.

Como ganhar 101 971 dólares vendendo camisetas

Benny Hsu encontrou um veio de ouro aos 37 anos, e não foi por ser uma minhoca madrugadora. Tinha sido designer de aplicativos, queria descobrir como vender alguma coisa a pessoas desconhecidas e seu objetivo era buscar uma linha de trabalho completamente nova para ele. Sempre teve interesse por moda, em especial por design de camisetas. As primeiras iniciativas para estampar uma porção de camisetas teriam exigido um grande investimento inicial, e ele teria também de se ocupar da remessa das peças quando chegassem as encomendas. Agora, uma nova tecnologia permitia que ele criasse camisetas com lotes de apenas dez peças, e sem precisar arcar com um estoque.

Só havia um problema: ele não tinha clientes. Tendo observado que outras pessoas usavam publicidade na internet para atingir pessoas de determinada localização geográfica ou ocupação, Benny decidiu criar uma base de clientes por meio de publicidade direcionada. Fez 21 tentativas de vender suas estampas de camisetas a usuários escolhidos no Facebook, com o objetivo de recuperar os

---

* "Sair primeiro é uma tática, não uma meta. É muito melhor sair por último." — Peter Thiel

custos da publicidade e ter um lucro razoável — e fracassou 21 vezes, sem conseguir uma só venda.

Contudo, os fracassos não lhe custavam caro, pois ele gastava um máximo de 10 dólares em cada tentativa, e tomava notas detalhadas sobre o que não estava dando certo. Por fim, na 22ª tentativa, ele foi bem-sucedido: antes de chegar ao teto de dez dólares, fez finalmente sua primeira venda. Dessa vez, deixou que a campanha publicitária seguisse seu curso. No final, gastou 81,72 dólares e ganhou 112,25, um lucro de 30,53.

EXPERIÊNCIAS FRACASSADAS (nº 1-21)	EXPERIÊNCIA DE SUCESSO (nº 22)
$10 × 21 = US$ 210 (ou custo para começar)	Receita (US$ 112,25) – Custo de publicidade (US$ 81,72) = Lucro (US$ 30,53)

Esses trinta paus não foram o bastante para levar Benny ao caminho da riqueza, mas o sucesso o incentivou. Ele sabia que as experiências fracassadas estavam todo o tempo apontando na direção certa, e por isso continuou otimizando os métodos e se aperfeiçoando em cada campanha. Todas as manhãs, ao acordar, ele checava seus dados para saber o que tinha acontecido durante a noite. Toda noite carregava novos anúncios, antecipando mais um dia de teste. Teve novos sucessos, novos fracassos — mas logo descartava os fracassos e insistia com os sucessos.

Um mês depois, tinha compensado as campanhas perdidas e igualado perdas e ganhos, tendo gastado e ganhado mais ou menos mil dólares. Depois disso, passou a navegar em águas tranquilas.

Cinco meses depois, tinha gastado mais de 50 mil dólares em publicidade... mas com ganhos de mais de 150 mil. Foi então que ele percebeu que aquilo não era apenas uma atividade paralela, mas um trabalho de dedicação integral. Agora, a "experiência" de Benny já dura mais de dois anos, e ele continua desenhando camisetas em tempo integral. "A liberdade que esse negócio me proporciona é incrível", ele me contou. "Trabalho numa coisa divertida, em qualquer lugar em que estiver, e ganho dinheiro enquanto durmo."

Benny não foi a primeira pessoa no mundo a vender camisetas, e muitas outras pessoas fizeram experiências parecidas com anúncios no Facebook. Ele não foi a ave madrugadora, em outras palavras — mas aperfeiçoando continuamente o processo, por meio de uma série de testes, foi capaz de criar um negócio confiável de alto rendimento.

O trabalho por conta própria é a nova previdência privada

Em *A start-up de 100 dólares*, tracei o modelo que milhares de empreendedores independentes usaram para criar atividades rentáveis, em geral sem nenhum preparo administrativo formal. Em resumo, esse modelo é:

1 Faça o que gosta, ou mais ou menos isso. Digo "mais ou menos isso" porque você não vai poder fazer *qualquer coisa* de que goste esperando ganhar dinheiro, mas deve existir *alguma coisa* que você possa fazer para atingir esse objetivo.

2 Procure uma convergência entre aquilo que você valoriza e aquilo que os outros pagariam para ter. Benny acreditava que havia mercado para camisetas feitas à mão porque ele e muitos de seus amigos gostavam de estampas exclusivas. Para demonstrar sua teoria, ele a pôs à prova num mercado real.

3 Comece rápido e com pouco investimento. Depois que Benny conseguiu estampar camisetas sob demanda, seus custos de instalação tornaram-se desprezíveis — apenas dez dólares por um anúncio sem retorno.

4 Observe o que acontece e mude de rumo ao avançar. Benny usou o Facebook como um gigantesco laboratório de testes para suas criações, e adaptou-as de acordo com o que seus clientes queriam.

Esse exemplo pode ser usado quer você tenha dado início a um empreendimento anterior, quer não; quer tenha desejo de se dedicar em tempo integral ao mundo do trabalho autônomo, quer não. No capítulo anterior, você aprendeu como lançar uma atividade paralela de sucesso; agora vai aprender como transformar uma atividade paralela ou qualquer outro projeto que ocupe seu tempo livre em alguma coisa mais séria.

No capítulo 7, você aprendeu também a fazer uma estimativa aproximada do potencial de lucro de uma atividade paralela (volte às páginas 148-9 se quiser refrescar a memória). Quando tiver um projeto que vai bem e parece capaz de alçar voos mais altos caso lhe dedique mais tempo, é chegado o momento de pensar seriamente em elevá-lo ao patamar de atividade plena. Mas como?

Transformar uma ocupação secundária num empreendimento maior é, na verdade, bem mais simples do que se supõe. Seja qual for o produto ou serviço, só há duas maneiras de crescer:

1 Vender mais aos clientes que já se tem.
2 Vender a novos clientes.

É simples assim, e o tipo de negócio determina a melhor estratégia. Por exemplo, Benny provavelmente não ficaria rico vendendo suas camisetas sempre aos mesmos compradores. É ótimo quando alguém compra mais de uma peça (já que ele não precisa pagar pela publicidade de novo para aqueles que já são seus clientes), mas a maior parte das pessoas não precisa de uma nova coleção de camisetas todos os meses. No caso dele, o crescimento depende de atingir mais gente.

Em muitos outros negócios, é bem mais fácil vender mais a clientes já existentes. A melhor maneira de fazer isso é desenvolver novos produtos ou extensões dos serviços já oferecidos. Seus clientes provavelmente vão correr atrás de suas novas ofertas, e qualquer *novo* cliente que aparecer pelo caminho será na prática um bônus.

Seja seu próprio capital de risco

Se você não investir em si próprio, quem vai fazer isso? Heath Padgett, um jovem produtor de vídeos e pau para toda obra de Austin, Texas, queria armar primeiro uma rede de proteção para deixar o emprego numa start-up. Tentou criar um projeto nas horas livres, mas percebeu que o plano não ia funcionar.

"Iniciar uma atividade à noite, ou nos fins de semana, pode ser bom para algumas pessoas", explicou, "mas não me sentia motivado o bastante para me dedicar totalmente em meu próprio projeto. Tinha um emprego bom e confortável para me manter, então mesmo que não trabalhasse em meu projeto naquele dia já estaria bem pago. Eu sabia que, para ter sucesso e uma oportunidade para valer, precisaria mergulhar de cabeça. Caso me desse mal, me daria muito mal. Entendi também que só somos vistos como loucos quando fracassamos. Se vencemos, acham que somos muito espertos e festejam. Abracei essa ideia para começar a minha jornada."

Heath adotou a estratégia de incrementar seu valor em cada aspecto da vida. Continuou desenvolvendo suas aptidões, aprendendo novas tecnologias e estudando o que outros produtores estavam fazendo. Fez contato, entre outros, com um escritor iniciante autor de um livro interessante sobre risco, mas precisava de ajuda para fazer um vídeo de marketing. Correu riscos e fez experiências, viajando pelo país num trailer com sua mulher, Alyssa, executando trabalhos bizarros em vários estados e registrando suas aventuras.

Durante o tempo todo, ele investiu também em si mesmo, tirando proveito de toda oportunidade que se apresentasse. As apostas não eram tão altas, afinal — se não desse certo, ele poderia voltar a ter um emprego convencional. Heath preferiu dar esse salto e ver o que acontecia.

Se achar que está pronto para investir na Você S.A., há quatro áreas que deve levar em conta.

1 *Competências.* Aperfeiçoe os aspectos técnicos de seu trabalho (como fez Heath ao aprender a nova tecnologia usada em vídeo)

e suas técnicas flexíveis, como escrever, ler, negociar e outras (sobre isso, ver capítulo 4).
2. *Contatos.* Comprometa-se com a formação de uma rede de contatos e procure todas as pessoas que puder (como o escritor iniciante que deu a Heath seu primeiro trabalho).
3. *Experiências.* Tente coisas novas e situe-se em novos lugares, entre gente e ideias novas (como fez Heath em sua turnê de um ano pelo país).
4. *Oportunidades.* Aceite todas as propostas e oportunidades de trabalho (Heath aceitou quase todas as oportunidades, mesmo que não estivessem totalmente relacionadas ao que ele queria fazer).

Ao avançar, lembre-se de prestar atenção a sua caixa de entrada — ou a tudo o que ouvir de clientes e parceiros —, porque pode encontrar mais respostas e ideias que ajudarão a elevar o status de sua atividade paralela.

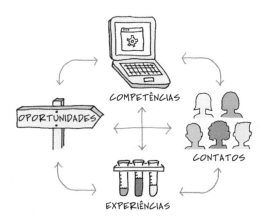

O planejador de paixões

É possível que um universitário tenha uma crise de meia-idade? Talvez não, mas Angelia Trinidad teve uma experiência em seu segundo ano de faculdade que fez com que repensasse tudo. Angelia foi criada numa família americana de origem asiática muito rígida, para a qual tirar uma nota B era um fracasso, portanto tinha concentradas em si altas expectativas quanto a seus estudos preparatórios para medicina na UCLA. Até aqui, tudo bem — mas ela não estava feliz.

Por sorte, ela estava acostumada a estudar com afinco, memorizar montes de informações sobre química molecular e ir bem nas provas, de modo que as notas altas vinham com facilidade. Isso podia agradar muito seus pais durões, mas ela sabia que a medicina não era a carreira dos seus sonhos. Mesmo gostando muito de ciências, Angelia vivia pensando em algo de que gostava muito mais. No ensino médio, a arte tinha sido sua válvula de escape. Ela adorava desenhar e dizia que esse era seu "porto seguro", uma atividade que a distanciava de todos os trabalhos que precisava redigir e das provas para as quais tinha de se preparar. Num impulso, sem dizer nada aos pais, ela mudou a orientação de seus estudos, passando do curso preparatório para medicina ao curso de belas-artes.

Mas a história não acaba aqui. A escolha da carreira artística tinha suas próprias dificuldades, inclusive a temida pergunta que todo mundo faz: "Legal, mas o que você vai fazer com esse diploma?". Quando se formou, Angelia ainda não tinha uma boa resposta para essa pergunta. Em vez de animada, ela se sentia paralisada e assustada, com a certeza de que já não exerceria a medicina, mas sem saber o que faria. Era o caso clássico da excelente aluna que de repente se vê sem provas a fazer nem projetos nos quais mergulhar. Pior ainda, embora estivesse contente com o diploma em belas-artes, ela na verdade não queria ser uma artista na acepção do termo. Percebeu que simplesmente não tinha nascido para isso. Então o que seria?

Angelia encontrou parte da resposta levando em conta não só suas aptidões (a capacidade de estudar muito, se sair bem em provas e organizar a vida), ou suas paixões (as artes), mas procurando a intersecção entre as duas coisas. Combinando o amor pelo desenho ao dom para o pensamento criativo e à capacidade de se preparar bem para um calendário apertado de provas, trabalhos e atividades extracurriculares, ela teve a ideia de criar o protótipo de um novo tipo de agenda — uma publicação impressa que ajudasse estudantes e não estudantes a se manter em dia com suas atividades, mas sem deixar de ser criativos e se divertir. Deu à sua invenção o nome de Planejador de Paixões, diferente de toda ferramenta de gerenciamento do tempo que já tinha visto (e, como pessoa organizada que era, sempre à procura de excelência, ela conhecia uma porção dessas ferramentas).

Aquilo com certeza não era medicina, mas também não era arte. Era uma união singular na qual se combinavam diferentes paixões, interesses e competências de Angelia — e foi uma grande sacada. A certeza de que se tratava de alguma coisa que renderia a ela um *pagamento* veio quando Angelia a ofereceu ao público pela primeira vez, numa campanha do Kickstarter que levantou 48 mil dólares de uma meta inicial de 19 mil. Angelia repetiu a experiência meses depois e levantou mais de 100 mil dólares para uma nova versão, mais compacta.

Mas espere só, isso não é tudo: uma terceira campanha no Kickstarter tornou-se absolutamente viral, apoiada pelas opiniões entusiasmadas dos que tinham comprado a primeira versão. Quando a contagem final terminou, Angelina e sua equipe, cada vez maior, estavam diante de um laptop e atualizaram a tela uma última vez. Os resultados eram inacreditáveis: 23 626 pessoas se comprometeram com 658 434 dólares para executar o projeto.

A essa altura, não só o número dos que a apoiavam (na prática seus clientes, nesse contexto) era tão animador. Angelia e companhia começaram a doar planejadores a escolas, bibliotecas e organizações. Foi então que a Electronic Arts, uma produtora de games, fez uma grande encomenda para distribuir entre todos os seus funcionários. O Planejador de Paixões já não era apenas um projeto apaixonado — tinha se tornado um bom negócio.

O teste de zero a um

Peter Thiel, investidor de risco e fundador do PayPal, propôs um modelo para explicar o segredo do crescimento forte de uma empresa, em especial na área de tecnologia. Ele chama isso de "Zero-a-Um", e distingue uma empresa Zero-a-Um de outros tipos de negócios:

> O progresso horizontal consiste em copiar coisas que dão certo — ir de 1 a n. É fácil imaginar porque já sabemos como é. O progresso vertical consiste em fazer coisas novas — ir de 0 a 1. É mais difícil imaginar porque implica fazer alguma coisa que nunca ninguém fez. Se você pegar uma máquina de escrever e fizer outras cem, estará fazendo progresso horizontal. Se você tiver uma máquina de escrever e construir um processador de texto, estará fazendo progresso vertical.

Este exemplo pode ser útil para entender a diferença:

A maior parte dos leitores deste livro não deve estar pensando em abrir uma empresa de tecnologia de produção em massa (embora algumas talvez estejam). Mesmo assim, o teste Zero-a-Um é interessante quando você estiver pensando em transformar uma atividade paralela em sua ocupação principal.

Muitas das atividades paralelas são essencialmente projetos 1-a-n, e não importa que seja assim. A utilidade e a funcionalidade nunca sairão de moda. Mas, se você tiver a chance de ir de 0 a 1, criando alguma coisa nova e diferente, pode querer transformar sua atividade paralela em algo muito maior.

Por mais temerário que pareça querer avançar por conta própria, tente resistir à tentação de trocar uma situação de certa segurança por outra equivalente, copiando uma ideia já existente ou simplesmente entrando para um empreendimento já em curso. Prefira criar sua própria segurança indo de Zero-a-Um e construindo seu próprio pequeno império (ou nem tão pequeno) a partir das fundações.

Quando abandonar o emprego e transformar uma atividade paralela em ocupação principal

Uma vez que você decide mergulhar de cabeça, como saber qual é o momento certo? Infelizmente, não há uma resposta universal para essa pergunta. As pessoas deixam seus empregos para se dedicar ao próprio negócio em etapas muito diversas. Para Heath Padgett, o jovem produtor de vídeo, e talvez para outros como ele, iniciar a atividade paralela e ao mesmo tempo manter o emprego de subsistência *não dá certo*. Você pode não ter tempo ou versatilidade para desenvolver seu negócio trabalhando em outro emprego em tempo integral. Mas outros preferem manter a rede de proteção representada por um fluxo certo de rendimentos enquanto tocam seu projeto secundário, mesmo dormindo menos e trabalhando à noite e nos fins de semana.

Existe uma forma segura de tomar a decisão quando você está em cima do muro: *deixar o emprego quando sua empresa der dinheiro suficiente para viver dela* — não quando for apenas promissora e potencial, mas quando de fato estiver rendendo um dinheiro que pague suas contas, mesmo que seja menos do que você ganhava no emprego. Até esse momento, resista à tentação de sair, a menos que tenha certeza absoluta de que seu império florescente está a caminho de grandes realizações.

Um guia breve (mas abrangente) sobre a tecnologia de que você precisa

É comum supor que fundar uma empresa de sucesso exige uma tonelada de conhecimentos ou experiência em tecnologia. Hoje em dia, porém, isso não poderia estar mais distante da verdade. Utilizando ferramentas como o WordPress e o Squarespace, qualquer pessoa pode criar um website, comercializar um produto pela internet, montar uma rede social e assim por diante — mesmo que nunca tenha escrito uma linha de programação na vida.

Como mencionado no capítulo 4, aqueles que se sentem à vontade para usar novas tecnologias em geral serão mais competitivos na nova economia. Mas isso não quer dizer que você precisa ser um nerd, transformar-se em programador ou correr para comprar o dispositivo mais moderno todos os meses. Lembre-se de que a grande vantagem de ter um negócio próprio é não precisar ser escravo de ninguém, e nesse caso "ninguém" inclui a tecnologia. Você não precisa dominar todas as inovações que aparecem; só precisa saber usar a tecnologia para atingir seus objetivos.

Aqui temos algumas dicas para desenvolver as competências tecnológicas básicas para que você dirija com êxito seu mini-império.

- *Não se preocupe com as constantes mudanças das redes sociais.* Todos os dias há uma rede nova, e o que fazer para acompanhar todas? Resposta: não acompanhar. Em vez de tentar estar em toda parte, seria bem melhor estar presente e envolvido com seus fãs em uma ou outra rede e deixar parar por aí mesmo.

- *Mantenha-se em dia com as principais formas de comunicação.* A tecnologia da comunicação muda mais devagar que as redes sociais, mas é importante se atualizar. Se estiver usando e-mail quando todo mundo usa mensagens de texto, ou um endereço de e-mail da Aol quando todo mundo usa Gmail, você está ficando para trás.

- *Certifique-se de ter um meio de receber pagamentos.* Já falei nisso, mas vale a pena repetir: você não pode ganhar dinheiro se não tiver como receber pagamentos. Felizmente, as novas tecnologias facilitaram como nunca as transações financeiras. Você pode receber dinheiro pela venda de produtos ou serviços abrindo uma conta gratuita no PayPal, no Square e em outros sistemas. O mais importante é facilitar as coisas ao máximo para quem vai pagar. Conheci uma pessoa que odiava o PayPal e volta e meia desistia de negócios para não ter de usá-lo. Ideia maluca: não importa o que você pense a respeito deste ou daquele método de pagamento, mas sim o que seus clientes preferem.

- *Você precisa ter um website.* Queira ou não, se o Google não for capaz de encontrá-lo, seus potenciais clientes também não poderão. Mas você pode criar um website, ou um blog, *em uma hora ou menos,* com o WordPress, software gratuito que pode ser usado em qualquer computador. Busque um guia de funcionamento do WordPress na seção de recursos da internet do site <BornforThisBook.com> (em inglês).

A questão é: não é tão difícil montar um negócio na internet, mesmo para quem não é gênio da tecnologia. Aliás, a maior parte das coisas que você precisa saber pode ser encontrada na própria internet. Use o Google e vá em frente!

O MBA DE TRÊS MINUTOS

Existem muitos equívocos sobre os estudos de administração, e o maior deles é supor que ter um MBA na área ajuda a montar um negócio próprio. Se você for um gerente de nível intermediário numa grande empresa, um MBA pode ser uma ótima opção. As iniciais correspondem a *"master of business administration"* [mestre em administração de empresas], porque o que você aprende a fazer é gerenciar a empresa de outra pessoa. Se é esse o trabalho para o qual você nasceu, ou se ter essas letras em seu currículo vai ajudá-lo a conquistar uma promoção ou um aumento, um MBA pode ser um bom investimento. Mas, para qualquer outra pessoa, principalmente se você quiser abrir e gerenciar sua própria empresa, pode ser muito melhor ficar longe da educação formal.

Se você não tiver certeza de que um curso em uma faculdade de administração será útil no seu caso, esta lista compara o que você aprende por lá e o que você precisa saber para trabalhar por conta própria. Note que são conhecimentos bem diferentes.

Gerenciamento

O que você aprende na faculdade de administração:

- Estudos de caso sobre como os executivos administram centenas de milhares de funcionários que trabalham sob suas ordens.

O que você precisa saber:

- Como trabalhar com todo tipo de gente e como negociar para conseguir o que quer.

Operações

O que você aprende na faculdade de administração:

- Administrar fábricas, hospitais, frotas de aeronaves, locais de extração de petróleo e gás e outros empreendimentos de grande escala.

O que você precisa saber:

- Administrar aquilo que lhe dá dinheiro.

Finanças

O que você aprende na faculdade de administração:

- Modelos de avaliação de ações e títulos, previsão e avaliação de projetos, geração de lucros de curto prazo para aumentar a cotação das ações.

O que você precisa saber:

- Ganhar o dinheiro de que precisa — seja qual for sua necessidade — de forma contínua.

Contabilidade

O que você aprende na faculdade de administração:

- Preparar relatórios financeiros, amortização e depreciação do patrimônio intangível, entre outras coisas.

O que você precisa saber:

- Pagar as contas e se manter com o dinheiro que ganhou.

Marketing

O que você aprende na faculdade de administração:

- Gastar milhões de dólares de dinheiro alheio em campanhas publicitárias.

O que você precisa saber:

- Atingir pessoas que querem comprar seu produto ou serviço.

Estatística

O que você aprende na faculdade de administração:

- Cálculo diferencial, programação linear, os tais "derivativos" e alguma coisa sobre "distribuição de frequências".

O que você precisa saber:

- Não muito.

Bônus: se você ainda estiver em cima do muro, dê uma olhada no tratado clássico de Josh Kaufman intitulado *The Personal MBA*. O preço no varejo é de menos de vinte dólares, portanto você poupará mais ou menos 59 980 dólares em mensalidades num curso de mestrado de alto nível.

Se a sua hora for agora e você sente a urgência, pense em se lançar totalmente em seu empreendimento próprio. Lembre-se de manter o modelo Alegria-Dinheiro-Fluxo no centro de suas reflexões.

Se algum desses elementos estiver faltando, será muito mais difícil construir seu próprio império, por menor (ou nem tão pequeno) que seja. Quando você encontrar as condições apropriadas, seu salto vai levá-lo a terra firme. Não entre em uma operação que seja propriedade de outras pessoas e administrada em benefício delas — crie sua própria segurança.

"Nunca tive um momento de 'eureca!'.
O que tive foi um processo de descoberta
que me conduziu a algo que remunera
bem e me proporciona a autonomia que eu
sempre quis."

*Kelly, 35 anos, administradora de comunidade
on-line*

CAPÍTULO 9

Como se tornar um bombeiro (ou o que você quiser)

OBJETIVO: Fazer o jogo que aumente suas chances

Pare de atirar para todos os lados e de mandar currículos. Em vez de apostar na sorte, faça o jogo que aumenta suas chances.

É muito difícil ser bombeiro de profissão. Com uma média de aceitação de menos de 1% dos candidatos, muitas instituições de combate a incêndios são na verdade mais competitivas que Stanford ou Harvard. A cada vez que um corpo de bombeiros abre inscrições, centenas e até milhares de pessoas fazem o teste, mas só uns poucos são aprovados. Para isso, você precisa ser habilitado em primeiros socorros, saber dirigir caminhão e operar plataformas elevatórias e outros mecanismos. É um trabalho bastante exigente do ponto de vista físico, pois demanda que se levante peso em condições extremas. Na prática, você precisa ser inteligente *e* muito forte, e ainda adquirir uma porção de conhecimentos específicos necessários para salvar vidas. O resultado é a clássica situação que se apresenta aos candidatos a qualquer trabalho muito especializado: muitos são os chamados e poucos os escolhidos. Simplificando: tornar-se bombeiro profissional não é apenas difícil. É muito, *muito* difícil. Mas não impossível.

Aos vinte anos, Shelli Rae Varela era, segundo suas palavras, uma artista boêmia que vivia em Ontário, no Canadá. Tinha jeito para mecânica, pois desde pequena ajudava o pai em uma oficina de caminhões. Mas também tinha um lado criativo: aprendeu a desenhar ainda muito pequena e a fotografar assim que foi capaz de usar uma câmera. Um detalhe: Shelli tinha um metro e sessenta de altura e pesava cinquenta quilos. Seu apelido de infância era "Peanut". À primeira vista, ela seria a última pessoa que você esperaria ver no corpo de bombeiros.

Na juventude, ela passava muito tempo com um amigo da família que estava trilhando um caminho árduo. Esse amigo, Steve, era bombeiro em Toronto, e Shelli ficava fascinada com suas histórias de resgate e situações de perigo. Nas folgas de Steve, ela ia até sua casa para conversar. Quando ele ficou sem histórias para contar, começou a ensinar a ela o trabalho propriamente dito.

Certo dia, eles estavam indo de carro a algum lugar e Shelli viu um caminhão com um aviso que dizia "Material Perigoso". Lembrando-se do que Steve tinha lhe ensinado, ela logo percebeu que o aviso estava afixado de maneira incorreta.

Steve ficou impressionado. "Por que você não se candidata para trabalhar no corpo de bombeiros?", perguntou.

Nessa época, bombeiros do sexo feminino eram raríssimos. Além disso, Peanut Varela não tinha um físico lá muito imponente, independentemente do gênero. Todas as probabilidades estavam contra ela, mas a ideia calou fundo e de imediato.

Isso é o que quero fazer, ela pensou. *Vou ser bombeira*.

Tornar-se bombeiro exige muitíssimos passos. Dentre os poucos candidatos aprovados no exame escrito, grande parte cai no exame físico, ou é dispensada depois da entrevista por não ter o perfil exigido, ou então desistem. Para ter sucesso e chegar a ser contratado, é preciso estudar e se preparar em tempo integral durante meses, talvez anos.

Shelli sempre tinha sido determinada. Quando queria uma coisa, fazia acontecer. Ser bombeira, no entanto, não era tão fácil. Ela se inscreveu para o teste em Toronto, e quando compareceu viu 5 mil pessoas à espera em um centro de convenções. O que essa gente toda estava fazendo ali? *Oh! Todos estão querendo ser bombeiros!*

O exame, conhecido no Canadá pelo nome de Teste de Seleção para o National Fire, não é algo para o qual você possa se preparar na véspera. Shelli contava com seus conhecimentos de mecânica e com o que Steve lhe ensinara para ser aprovada, mas não tinha percebido o quanto ainda havia para aprender. Desnecessário dizer que seu primeiro resultado no teste não foi suficiente para conseguir a aprovação.

No entanto, ela poderia repetir o teste quantas vezes quisesse, e estava disposta a fazer qualquer esforço para melhorar sua nota. Ao longo de meses, fez uma engenharia reversa do processo de combate ao fogo. Pesquisou todas as aptidões exigidas e dedicou-se a se qualificar em cada uma delas. Em pouco tempo, tinha uma pilha de certificados na pasta que levava sempre consigo. Ganhava a vida trabalhando como manicure num salão, mas mantinha o foco em seu sonho: *É isso o que quero fazer. Vou ser bombeira.*

Demorou mais de três anos para que o sonho se tornasse realidade (ou 1162 dias, para sermos exatos). Ela sabia exatamente quantos dias tinham se passado porque, desde o momento da descoberta, aos vinte anos, nunca tinha parado de pensar a respeito. Todos os dias, enquanto trabalhava para cumprir alguma das exigências ou estudava para outra prova, imaginava a ligação telefônica que receberia quando enfim fosse selecionada. Pensar nesse telefonema a mantinha motivada e concentrada nos estudos.

Ela fez o teste mais oito vezes, em diversos locais da província de Ontário. Foi aprovada na maior parte das vezes, mas com uma nota inferior à dos poucos que passaram para a fase seguinte. Numa ocasião, acertou 92,5% das questões, mas a nota de corte para passar à fase seguinte exigia que acertasse 93%. Foi por pouco! Mas sua nota melhorava a cada vez.

Finalmente, ela conseguiu a nota necessária para passar às etapas finais da seleção. Mas ainda havia obstáculos a transpor. Para mencionar um deles, os avaliadores duvidaram se sua capacidade física (lembre-se, pouquíssimas mulheres tinham feito isso até aquela época, e Shelli era bem miudinha), mas ela provou que eles estavam errados superando as exigências do exame físico.

Um dia, o telefonema veio. Ela havia sido aprovada em tudo com louvor, e o Corpo de Bombeiros de Mississauga, o sexto maior do Canadá, oferecia-lhe uma vaga.

Era exatamente o que ela sempre tinha sonhado. Shelli ficou com o emprego, começou o treinamento oficial na semana seguinte e nunca se arrependeu. Apesar de tudo o que tinha contra si — a concorrência acirrada, o exaustivo processo de seleção, sua compleição minúscula —, ela foi bem-sucedida. Quando conversamos, ela acabava de completar seu 21º ano como bombeira profissional.

Como encontrar o emprego de *seus* sonhos

Vamos tirar de nosso caminho um elemento negativo. Muitos dos conselhos sobre como conseguir o emprego de seus sonhos são equivocados e até mesmo prejudiciais. Ao pesquisar para este capítulo, achei bom dar uma olhada no que dizem os especialistas sobre a melhor maneira de conseguir um trabalho de longa duração — e o que encontrei estava errado, ou era desanimador, ou as duas coisas.

O conhecido colunista Thomas Friedman, escrevendo no *New York Times*, aconselha os recém-formados a "destacar-se". Hoje em dia, os patrões não se importam com a faculdade que você possa ter frequentado, diz ele, citando um especialista em educação de Harvard e o fundador de uma start-up que frequentou Yale. Este último tinha trabalhado na McKinsey, o grupo de consultoria multinacional, e seu parceiro, no Goldman Sachs. "Fantástico. Você só precisa frequentar uma universidade da Ivy League — tendo, supostamente, alguém para bancar os custos de 40 mil dólares por ano — e conseguir um emprego seletíssimo e bem pago. Depois disso, você estará pronto para 'destacar-se'."

É como se a maior parte dos especialistas tratasse o processo de conseguir um emprego como um puro jogo matemático. Quanto maior o número de empregos a que você se candidatar, maiores suas chances de conseguir. Mas na verdade as coisas não funcionam assim, pelo menos não diretamente. Por que não? Um dos motivos é que o processo de seleção, em especial para cargos de escalão inferior ou médio, passou por um grave caso de inflação de candidatos nos últimos anos. À medida que o mercado de trabalho recebia candidatos mais competitivos — não apenas recém-formados, mas de todas as idades —, eles entravam em pânico e enviavam o maior número de currículos que podiam, sempre à espera de conseguir uma simples entrevista. Essa estratégia de candidatura em massa quase nunca funciona, já que as pesquisas mostram que a maior parte das pessoas é contratada fora do processo normal de seleção.

O maior problema é que a lógica que sustenta a estratégia de "ver se cola" tem uma falha de origem. Pense nisso. Suponhamos que cada candidato a emprego enviasse, além do primeiro, mais 75 currículos. Isso significa que os empregadores estariam recebendo no mínimo 75 candidaturas excedentes para cada vaga. Esse problema só vem aumentando desde o fim da década de 1990, quando a oferta de empregos pela internet tornou desnecessária a compra de jornais impressos (lembra deles?) pelas pessoas que buscavam trabalho nos classificados. O centro de encaminhamento profissional das faculdades ainda mantém enormes pastas com informações sobre emprego nas atividades locais, mas a maior parte dos estudantes vai direto ao computador e a um mecanismo de busca.

De certa forma, a oferta pela internet facilita a vida dos que procuram emprego. Hoje em dia, é possível procurar qualquer tipo de trabalho em qualquer lugar, e muitas vezes a inscrição se faz pelo próprio site, ou se envia o currículo por e-mail. Por outro lado, a facilidade de acesso à lista de vagas e ao processo de inscrição na verdade *complica* as coisas, pois aumenta o número de candidatos a cada vaga. Parece loucura, mas só até você lembrar que candidatar-se a grande parte dos empregos quase não dá trabalho. Se tudo o que se precisa fazer é clicar num botão e pôr o nome na lista, nada impede que as pessoas fiquem clicando em toda parte.

Há duas maneiras de se adaptar a esse ambiente. Uma delas é

tentar ser melhor e trabalhar mais que qualquer outro (mandar 76 currículos em vez de 75 — continue clicando!); a outra é abordar o problema de um ângulo diferente. O mais provável é que você não se transforme no melhor de todos os clicadores. Aliás, sua dispendiosa formação superior não lhe ensinou nada além de clicar?

Pare de atirar para todos os lados

Se quiser abordar o problema de um outro ângulo, deve parar de atirar para todos os lados e começar um jogo que de fato melhore suas chances.

Vamos voltar ao cassino pelo qual demos uma passadinha no capítulo 3. A maioria dos que visitam cassinos é composta de jogadores, o que quer dizer que, ao longo do tempo, estarão dando seu dinheiro à casa. Claro, o cassino vai manter seus copos cheios e talvez chegue a oferecer um almoço grátis em troca da doação, mas no final das contas os que jogam vão perder.

Há algumas exceções. Em Atlantic City, conheci um cara que chamarei de Dan, que trabalha como jogador profissional de videopôquer. Ele é uma pessoa real, mas pediu que eu não usasse seu nome verdadeiro. Durante os dois últimos anos, vem trabalhando numa estratégia que lhe proporciona uma minúscula mas rentável margem de 0,02%.

A estratégia, em resumo, é *escolher a máquina certa*. As máquinas são calibradas para dar mais ou menos vitórias ao cassino. Dan imaginou uma estratégia ótima de seleção de máquinas que, combinada a um jogo quase perfeito (uma técnica que não é tão difícil de adquirir, já que você sempre vai tomar as mesmas decisões se souber o que fazer), leva-o a ganhar em média duzentos dólares por turno de oito horas em Atlantic City.

Se aplicarmos a estratégia vencedora de Dan à procura de emprego, o segredo é não se candidatar a um número cada vez maior de vagas, e sim às vagas *certas*. Como fazer para escolher a "máquina" que lhe dará mais chances?

O jogo inteligente: passos 1-5

Como a maior parte das coisas na vida, ao tentar descobrir e conseguir o emprego de seus sonhos, convém levar em conta o ponto de vista da outra parte. Será que as empresas vão ler milhares de currículos para preencher uma única vaga? É improvável. Para preencher vagas, as empresas e organizações de sucesso querem achar os melhores candidatos no menor tempo possível.

Em outras palavras, os objetivos delas e os seus, de certa forma, são os mesmos.

Quando chega a hora de procurar emprego, muita gente segue um caminho já muito trilhado. Faz coisas como:

- Comparecer a uma feira de empregos ou a uma sessão de recrutamento.
- Procurar em sites de emprego.
- Aperfeiçoar o curriculum vitae.
- Explorar uma rede de contatos do ramo, ou ex-colegas.
- Atualizar o perfil no LinkedIn.

Essas atividades são muito boas para ajudar você a pensar que está chegando a algum lugar quando pode apenas estar andando em círculos. Por quê? Pense na quantidade de outros candidatos bons e qualificados que estão fazendo a mesma coisa. Essas medidas podem parecer eficazes, mas provavelmente não ajudam a encontrar o emprego dos sonhos. Num cenário tão competitivo, manter-se no ritmo dos demais não basta. É preciso fazer algo que lhe dê uma vantagem real.

Seguem-se alguns passos que podem de fato ajudar a aumentar suas chances.

1. Decida que título tem o cargo que você quer. Se o que você pretende é o emprego designado como "gerente de recursos humanos", é isso o que vai conseguir — pelo menos se tiver a sorte de ser o aprovado em todas as rodadas de filtragem de currículos. Mas e se você criar seu próprio cargo e decidir encontrar uma empresa disposta a abrir espaço para ele? De um momento para o outro, a concorrência torna-se muito menor.

Falando com pessoas que usaram criatividade na designação de um emprego à sua maneira, ouvi coisas como "agente de felicidade", uma função que existe hoje em diversas start-ups mas remonta a 2003, quando a rede McDonald's delegou as tarefas referentes à felicidade ao personagem Ronald McDonald. Ouvi isso também do "prefeito" Tony Bacigalupo, que comanda um espaço de coworking em Nova York.

Se você pudesse escolher entre todas as designações de emprego do mundo, qual seria a sua?

2. Crie uma declaração do artista que descreva seu eu futuro. Em lugar do currículo convencional, pintores, escultores e outros artistas plásticos costumam criar uma "declaração do artista" para descrever seu trabalho e seus objetivos. É fácil notar a diferença entre uma boa declaração do artista e uma fraca. A fraca contém uma porção de palavras pomposas, usa uma linguagem passiva, é interminável.* As mais fortes vão direto ao ponto e não deixam espaço para confusão:

- Minhas aquarelas tratam de nostalgia e sentimentalismo.

---

* Infelizmente, declarações do artista ruins são comuns demais. Para exemplos que caem no ridículo, visite <artybollocks.com>.

- Crio esculturas e outras instalações físicas para mostrar a evolução da humanidade e seu impacto sobre o meio ambiente.
- Meu podcast semanal explora as mudanças no mundo do trabalho, em especial para a geração dos *baby boomers* e outros, mais acostumados a profissões tradicionais.

É claro que a maior parte das declarações do artista é usada para atividades criativas e não como solicitação de emprego, mas nada impede de adaptar o conceito para carreiras mais convencionais. O segredo está em concentrar metade do foco nas realizações passadas e metade no que você espera realizar no futuro. É bom ser breve, mas não se trata de um concurso para encontrar quem usa o menor número de palavras. Vejamos alguns exemplos:

- Como bem-sucedido professor dos últimos anos do ensino elementar, adquiri técnicas de comunicação e liderança. Meu objetivo é aplicá-las a uma nova carreira em relações públicas.
- Usando minha competência comprovada e cinco anos de experiência como desenvolvedor front-end, quero ajudar uma instituição a fazer grandes aperfeiçoamentos em seus sistemas e redes.
- Graduei-me com nota 3,9 numa escala em que a nota máxima é 4 (infelizmente tirei um A–, em cálculo avançado). Estou preparado para contribuir na elevação da lucratividade de uma empresa no desenvolvimento de novas fontes de receita.

3. Peça ajuda a cinco pessoas. Envie uma série de e-mails pessoais pedindo ajuda. Não mande e-mail para todos os contatos e não use cópias ocultas — muita gente apaga esse tipo de mensagem sem ler. E não faça uma postagem impessoal no Facebook, nem mande um tuíte genérico. O segredo é ser o mais específico possível quanto à seleção dos que podem de fato ajudar. Peça indicações para conseguir o emprego que deseja, ou pelo menos para ser apresentado a alguém capaz de orientá-lo para o caminho certo. Veja o que acontece. Depois procure outras cinco pessoas.

Quando conseguir acesso a uma pessoa influente, tente um encontro presencial com ela, mesmo que por poucos instantes. Isso nem sempre é possível, mas quando for, faça de tudo para causar boa impressão e ouça mais do que fale. A menos que o outro dê sinais claros de que quer continuar a conversa, encerre a entrevista quando se esgotar o tempo requerido. Logo depois, envie um breve agradecimento pelo tempo cedido. Se for cabível, solicite especificamente um futuro contato, oportunidade ou entrevista.

4. Use a "demonstração de interesse" como estratégia de vida, não apenas para se candidatar a uma faculdade. Inundadas de candidatos, as faculdades começaram a levar em conta um novo fator além de notas e históricos escolares. Em resumo, elas querem saber se os estudantes *realmente* se interessam pela instituição, ou se aquela candidatura é mais uma numa série. Esse fator, que os encarregados da admissão de alunos chamam de "demonstração de interesse", pode ser difícil de quantificar, mas considera coisas como:

- O candidato fez uma visita ao campus para um tour oficial?
- Por que o candidato acha que esta instituição em particular é uma boa escolha?
- Como esse candidato daria uma contribuição positiva a nossa cultura?

Usando o exemplo dos candidatos que tentam mostrar interesse pelas universidades de sua preferência, você pode aplicar uma estratégia semelhante à procura de emprego. Por exemplo, quando Shelli Rae Varela decidiu ser bombeira, ela foi a campo e aprendeu tudo o que podia sobre o que a atividade exigia. Quando encontrava uma competência ou área de conhecimento que não dominava, começava a fazer perguntas, ler sobre o assunto ou mesmo fazer cursos para obter uma qualificação séria. Ela queria *mesmo* ser bombeira, e mostrava isso.

Comecei a trabalhar com minha assistente, Ashley, depois de ter recebido dela um e-mail inesperado em que se oferecia para ajudar em qualquer coisa de que eu precisasse. Tínhamos nos conhecido poucos meses antes, e ela me pareceu aplicada e confiável. Na época, eu estava encarando uma tarefa bem tediosa: tinha uma grande planilha de Excel com milhares de endereços que precisavam ser organizados. Sabia que isso levaria horas, se não mais. Quase pedi desculpas ao oferecer esse trabalho a ela: "Que tal passar oito horas organizando uma planilha de Excel?".

A resposta me surpreendeu. "Seria ótimo!", disse ela.

Ela não só concordou animadamente com a tarefa como dedicou um tempo extra lendo sobre planilhas e vendo tutoriais no YouTube. Se aquilo não foi uma demonstração de interesse, não sei o que seria. Depois de poucos meses e algumas tarefas de teste, propus a ela que trabalhasse comigo em caráter permanente — e fiquei feliz quando ela aceitou.

5. Decida começar a trabalhar e veja o que acontece. Não tem tempo para a burocracia da contratação? Talvez você possa simplesmente chegar a algum lugar e começar a trabalhar. Isso já foi feito!

Mark Suster trabalhava como consultor em Londres quando ouviu falar de um novo projeto que estava para ser lançado em Tóquio. Mark adorava a cultura asiática desde pequeno e sempre quis trabalhar no Japão, mas sabia que as chances de ser selecionado ao acaso para o projeto eram poucas. Sabia também que se pedisse para ser incluído no projeto e fosse recusado — um cenário provável, já que ele era necessário em outra parte — não poderia desobedecer a ordens e ir para Tóquio.

Então ele resolveu dividir os encargos: não pediu o cargo, simplesmente elegeu a si mesmo para a posição. Comprou uma passagem de avião (mesmo sem ter certeza de que fosse reembolsável), foi a Tóquio no fim de semana e apareceu no escritório local da empresa na segunda-feira de manhã. "O que você está fazendo aqui?", perguntou o gerente do projeto.

"Ouvi dizer que você precisava de ajuda", disse — embora, como ele mesmo admitiu, parte da conversa pode ter se perdido na tradução.

A empresa lhe deu alguma coisa para fazer naquela semana — afinal, Mark já estava ali, então por que não?—, e ele se saiu muito bem. Ao término daquela semana, foi pedido que ele voltasse na segunda-feira seguinte. Mark acabou ficando durante seis meses. Antes de ir embora, o chefe do escritório local pediu-lhe que considerasse uma transferência permanente. A essa altura, ele estava disposto a fazer outra coisa, mas o jogo arriscado tinha compensado.

Escolha a máquina que tem a fila menor

E se seu problema não for necessariamente *encontrar* ou *conseguir* um emprego, mas uma promoção a um cargo que se deseja ou a um escalão superior? Nem sempre é possível decidir a própria promoção ou pular etapas na hierarquia corporativa. Vejamos uma carreira militar normal, por exemplo, que promove oficiais e soldados de acordo com um esquema linear rígido, com poucas oportunidades de pular etapas. Para uma pessoa que começa no degrau inferior da hierarquia, um panorama dos vinte anos seguintes de carreira seria mais ou menos assim:

Soldado (E-2): nos seis primeiros meses
Soldado de Primeira Classe (E-3): em um ano
Cabo (E-4): em dezoito meses
Sargento (E-5): em 4,2 anos
Sargento de Equipe (E-6): em 8,5 anos
Sargento de Primeira Classe (E-7): em 13,6 anos
Primeiro Sargento (E-8): em 17 anos
Sargento Major de Comando (E-9): em 20,8 anos

FONTE: Guia de recrutamento do Exército dos Estados Unidos, 2015.

É claro que os números variam um pouco de caso a caso. Em algumas áreas, as promoções são mais rápidas, e alguns ramos do serviço militar promovem mais cedo. E, depois dos escalões iniciais, supõe-se que as promoções sejam totalmente baseadas no mérito. De modo geral, o cronograma é mais ou menos esse. É possível prever com boa margem de acerto até onde você vai chegar com base na idade que tinha ao entrar para o serviço e no tempo que vai permanecer como militar.

Digamos que você esteja pensando em entrar para as forças armadas, mas não tem atração especial por nenhum ramo do serviço. Se não faz diferença, por que não escolher o ramo que promove com mais rapidez? Em outras palavras, se você estiver diante de cinco máquinas caça-níqueis com filas de comprimentos variados, a melhor opção seria a que tem a fila mais curta.

Muitas empresas também são assim. Quando você tem de escolher entre uma função com pouco potencial de progresso e outra que pode proporcionar melhores compensações em prazos mais curtos, é preciso levar em consideração a segunda opção. Se você tiver para mais de uma área, sendo ambas interessantes, por que não preferir a que tem maior potencial de progresso rápido?

Como publicar um livro e como os "laços fracos" podem ajudá-lo mais que os amigos próximos

Mesmo que você more num porão, só coma miojo e quase nunca veja a luz do sol, é bem possível que conheça uma porção de gente capaz de ajudá-lo em sua carreira. Cultivando deliberadamente esses relacionamentos — de modo natural, sem perturbar ninguém —, você poderá recorrer a eles quando estiver procurando emprego, abrindo uma empresa ou apenas procurando apoio ou conselho.

Existe em sociologia um princípio chamado "a força dos laços fracos". A versão mais curta desse princípio é: *nossos conhecidos podem abrir mais portas para mais pessoas, e assim nos apresentar a mais oportunidades, do que nossos amigos*. Isso acontece porque somos propensos a permanecer sempre nos mesmos círculos que nossos amigos, porém pessoas menos próximas ("laços fracos") em geral têm redes de contatos que não são as de nossos amigos e outras pessoas mais chegadas. Está provado que, por esse motivo, os laços fracos são incrivelmente valiosos quando se trata de procurar emprego. Porém, mais importante que ter laços fracos é ter os laços fracos *corretos*.

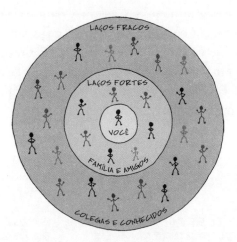

Vejamos um exemplo real desse princípio em ação. Na primeira vez em que quis escrever um livro, não conhecia outros escritores a quem poderia recorrer para me aconselhar. Pesquisei na internet e frequentei bibliotecas em busca de livros sobre o processo de encontrar um agente ou editor. Depois, passei a contatar editores e agentes, mas não consegui ir muito longe (a maior parte simplesmente não respondeu a minhas consultas).

Vendo que esse método não funcionava, comecei a perguntar a todos os meus conhecidos se tinham alguma sugestão ou algum contato que pudessem me passar. Por fim, encontrei um cara que logo se tornaria meu agente literário, David Fugate, a quem cheguei por referência de um de seus outros escritores que lia meu blog sem que eu soubesse. Sete anos depois, David e eu já trabalhamos juntos em quatro livros. Também pude apresentar a ele diversos outros escritores de sucesso. De certa forma, conhecer David foi o equivalente à vitória de Dan no cassino. É um relacionamento forte forjado por meio de um laço fraco.

A relevância do exemplo vai muito além dos livros. Tem a ver com o princípio que constitui o cerne deste capítulo. O sucesso não se fundamenta só na persistência; fundamenta-se no trabalho aplicado *e* inteligente. Tente, tente outra vez, com certeza — mas tente outra vez de maneira estratégica. A questão é que, no campo da construção de relacionamentos, a qualidade importa mais que a quantidade, da mesma forma que na busca de emprego.

O objetivo, em outras palavras, não é necessariamente fazer contato com muita gente, mas com *o tipo certo de gente.*

Redes sociais na vida real: uma lição da vovó Una

Seja para procurar emprego, avançar na carreira ou abrir um negócio, as pessoas estão sempre sugerindo "usar as redes sociais". Mas de que forma? Atualmente, dizer às pessoas "use as redes sociais" é como dizer "use a palavra". Que outra coisa você usaria para se comunicar?

As redes sociais são engraçadas. Quase todas as semanas ouve-se falar de uma rede nova que aparece, e tudo isso pode ser um tanto confuso. Será que você deveria ter cem perfis, em cem redes sociais, e depois dedicar um bom tempo a postar atualizações? Deveria talvez contratar um assistente virtual que finja ser você no Twitter? Você deve saber que nenhuma dessas ideias é boa. O que importa é determinar quem é *sua* clientela e por onde ela circula. É lá que você deve estar, e não necessariamente na rede mais badalada, e com certeza não dividindo seu tempo a ponto de não conseguir executar o trabalho pelo qual espera se fazer conhecer.

Seja qual for a rede, ou plataforma, ou ferramenta que você usar para chegar até as pessoas, o objetivo mais importante é ser autêntico. Eu costumava dizer de brincadeira que, quando comecei a ser blogueiro, tinha apenas cinco leitores e um deles era minha avó Una. Depois descobri que ela se inscrevera em minha newsletter com dois e-mails diferentes e que, portanto, representava nada menos que 40% de meu público.

Surgiu outra piada na família quando ela começou a receber a newsletter que eu mandava. De início, ela não entendeu que se tratava de um grupo de e-mail — achava que eu estava escrevendo só para ela. "Chris me escreveu uma carta bem longa outro dia", dizia ela a meus pais, quando a visitavam. Meu pai tentou explicar que na verdade a newsletter era enviada para uma porção de gente, mas quando passou para vê-la um outro dia ela disse a mesma coisa: "Recebi outra carta bem legal do Chris por e-mail".

Todos nós rimos disso por algum tempo, mas, quando me pus a escrever a newsletter seguinte, me lembrei dessa história e da lição que havia ali. Um bom escritor não escreve para as massas, ainda que as massas acabem lendo seus textos. Um bom escritor busca formar ligações com o leitor, e isso começa quando se leva em conta a pessoa que está do outro lado da tela ou da página.

Talvez minha avó tivesse razão. Na prática, eu estava escrevendo para ela. Ela se inscrevera em meu site. Quando o e-mail apareceu em sua caixa postal, era algo que ela esperava. O passo seguinte competia a mim: será que eu deveria mostrar algo de valor, ou pelo menos interessante? Foi então que me comprometi comigo mesmo a escrever como se estivesse escrevendo só para minha avó ou para alguém de quem gostasse — uma orientação que me ajudou desde então.

Não é preciso ser escritor profissional para seguir esse conselho. Mesmo que não tenha uma newsletter ou um blog, você pode se esforçar para manter o nível de autenticidade em seus relacionamentos nas redes sociais, seja o que for que queira fazer de sua carreira ou seu emprego.*

---

* Felizmente, ela não cancelou sua inscrição. Vovó, se estiver lendo isto, saiba que os e-mails são mesmo só para você.

COMO GANHAR A ÚLTIMA RODADA

Perguntas a fazer numa entrevista de trabalho

Finalmente, você chegou àquela grande e tão esperada entrevista. Como vai fazer para continuar contrariando as probabilidades e ficar com o emprego? Muitos dos conselhos sobre entrevistas são elementares e tediosos, mas numa coisa os especialistas concordam: é importante chegar com algumas perguntas a fazer. Isso serve tanto para satisfazer sua própria necessidade de informação como para se mostrar curioso e perspicaz. Afinal, você não está querendo apenas ser mais um dente numa engrenagem; quer ter certeza de que o emprego vai lhe proporcionar o equilíbrio perfeito entre alegria, dinheiro e fluxo.

Vejamos algumas perguntas a fazer (com suas próprias palavras):
- Qual é o maior problema que sua equipe tem no momento?
- Qual é a mais valiosa contribuição que posso dar a essa função?
- Você poderia descrever em geral a rotina diária dessa função? Como acha que uma pessoa poderia dividir seu tempo e organizar suas responsabilidades para se sair bem no cargo?
- De que forma meu desempenho será avaliado? Como poderei saber se estou indo bem e de que modo posso melhorar?
- Se eu quisesse dedicar talvez 15% de meu tempo a outras áreas de responsabilidade além de minha função específica, o que você acharia disso?

Perguntas como essas servem a diversos fins. Em primeiro lugar, as respostas serão úteis para determinar se o trabalho é adequado para você. Segundo, as perguntam demonstram interesse — um desejo de contribuir, assim como um desejo de garantir independência e autonomia.

Para melhores resultados, misture algumas dessas perguntas a outras, formuladas por você mesmo, mais específicas sobre a empresa e sobre competências, interesses e paixões mais importantes para você.

Trabalhar com inteligência não significa trabalhar menos

Quando, aos vinte anos, Shelli Rae Varela decidiu ser bombeira, ela levou em conta o que isso lhe custaria e o que exatamente se exigia dela. Demorou alguns anos para conseguir o trabalho, mas agora está nisso há mais de duas décadas. Não há dúvida nenhuma: esse é o trabalho para o qual ela nasceu.

Durante uma de nossas entrevistas, Shelli precisou sair para atender a um chamado de emergência. Um paciente deixara de apresentar sinais vitais. Sua equipe correu ao local para prestar socorro, e quando foi embora o paciente tinha recuperado o pulso. Relatando o caso depois, Shelli disse, com alegria evidente na voz, o quanto ela gosta de fazer isso todos os dias. Não é um trabalho fácil, mas é justamente isso que a atrai. O trabalho é importante, e ela se sente bem ao fazê-lo.

Para Shelli, os 1162 dias de estudo, treinamento e provas valeram a pena. Quanto esforço você se dispõe a despender para conquistar o trabalho de seus sonhos?

"Não esperei até saber como começar,
comecei e pronto. Ficava apavorado a maior
parte do tempo, mas tinha descoberto
que nada é melhor que tomar uma atitude
quando se trata de um sonho. Ninguém
quer ser conhecido como o cara que tem
uma ideia, as pessoas querem poder fazer as
coisas acontecerem."

Heath, 24 anos, escritor e cineasta

CAPÍTULO 10

O empregado de si mesmo

OBJETIVO: Tornar-se indispensável

Não há nada de errado em prestar serviço para um chefe ou para uma empresa, principalmente se você puder fazer seu emprego trabalhar a seu favor. Aprimore seu trabalho de modo a se tornar indispensável para a empresa — enquanto dá forma ao emprego de seus sonhos.

Quando Leon Adato fala de seu trabalho como evangelista tecnológico numa empresa de software, diz com orgulho que ocupa o cargo de "nerd chefe". "Quem não gostaria de ter um emprego como o meu?", perguntou ele com entusiasmo em resposta a minha pesquisa. Quando quis saber mais sobre o assunto e fiz contato com ele pelo Skype, em seu escritório domiciliar em Cleveland, Ohio, Leon explicou como tinha chegado à função ideal.

O trabalho de nerd chefe exige que ele compareça a conferências e dê palestras — o que ele faria por sua própria conta — e que escreva a respeito de temas sobre os quais já escrevia de graça. Como você deve saber a esta altura, esse emprego dos sonhos não surgiu do nada, e a história começou com uma pequena mudança profissional.

Leon foi criado em Cleveland. Seu pai era percussionista na orquestra sinfônica da cidade. Sua família era entusiasta das artes performáticas, e desde muito pequeno Leon queria fazer teatro. Formado em artes cênicas pela Universidade de Nova York, durante algum tempo ele se virou com um trabalho num teatro para surdos que lhe exigia setenta horas semanais e pagava apenas 10 mil dólares por ano. É bem verdade que se tratava de teatro — e gente de teatro sempre faz sacrifícios para estar no palco —, mas aquele modo de vida não era compatível com os objetivos de Leon. Ele queria ter uma família e admitia que suas chances de se tornar um ator de sucesso eram escassas.

Infelizmente, o diploma de teatro não qualificava Leon para que fosse muito além de uma série de empregos em restaurantes ou controle de pragas, que com certeza não eram seu objetivo. Foi então que, num trabalho temporário como assistente administrativo em 1988, Leon descobriu que era bom em computação. Começou oferecendo-se para ensinar a todos os que trabalhavam no escritório a mudar na transição dos velhos processadores de texto para os PCs de última geração, e logo lhe propuseram um "emprego real", em tempo integral, para ensinar as secretárias a lidar com os novos programas.

Ele se sentia útil com esse trabalho, mesmo considerando que preparava suas aulas lendo os manuais mais básicos. "Naquela época", disse ele, "os requisitos para conseguir um trabalho com computadores eram dois. O primeiro era 'Você está respirando?', e o outro era 'Você tem um terno?' Um deles era opcional."

O emprego como instrutor de informática durou cinco anos e foi uma experiência muito enriquecedora, para a qual Leon era pago para dominar mais de cem programas de computador diferentes. Ele não apenas estava se tornando cada vez mais indispensável para a empresa: estava também construindo um currículo cuja relação de competências ocupava várias páginas. Adaptou seu talento teatral para a sala de aula e dizia que sua rotina diária como professor era, na prática, oito horas de comédia stand-up.

Sem nunca deixar de se qualificar, Leon Adato ascendeu a técnico de suporte, depois a técnico de suporte para servidores e depois para o novo mundo do monitoramento de sistemas. Tornou-se responsável pelo funcionamento on-line ininterrupto de redes e conjuntos de computadores — uma função importantíssima. Trabalhou numa longa sucessão de cargos, mudando de empresa a cada dois ou três anos. Em muitas profissões, nem sempre é bom pular de galho em galho, mas na área de tecnologia da informação os empregadores desconfiam de sua capacidade se você *não* mudar o tempo todo de emprego.

Em geral, cada um desses empregos representava um passo adiante em termos de remuneração e responsabilidades. Leon trabalhou, entre outras empresas, para a Nestlé, instalando um grande sistema para a companhia na América do Norte e depois na Suíça, para onde foi transferido com a família e onde permaneceu por um ano.

Durante a maior parte desses anos ele teve também uma atividade paralela, criando websites para clientes e amigos, e escrevendo sobre o mundo em evolução da tecnologia. Dizia de brincadeira que esse era seu "turno de meia-noite às cinco da manhã", mas preferia mantê-lo como ocupação complementar e não como um emprego de dedicação integral. Leon era um firme defensor do trabalho à distância e tinha autodisciplina suficiente para gerenciar a si mesmo, mas gostava também de fazer parte de uma grande empresa com outros funcionários.

O emprego dos sonhos de Leon surgiu no horizonte quando ele começou a contribuir para um fórum comunitário orientado pela Solar-Winds, uma empresa de software. Depois de demonstrar sua competência, ele assumiu a função remunerada de nerd chefe, que por ser bastante nova permitia que ele lhe desse uma forma compatível com sua qualificação e seus interesses, sem deixar de levar em conta as necessidades da empresa.

Em seus dias de estudante universitário, Leon queria representar. Agora tinha de falar em conferências, uma prática que descreve como "postar-se diante de grupos de pessoas e dar um show". Quando estava aprendendo sobre computadores, vinha escrevendo e distribuindo artigos só de brincadeira. Agora, algo que ele costumava fazer de graça tornou-se parte de seu trabalho.

Pode ser discutível que alguém queira um emprego como o de Leon, mas está claro que ele encontrou o trabalho para o qual nasceu. Evitou os riscos e a incerteza de deixar o emprego sem uma rede de proteção, ou de tentar transformar uma atividade paralela em ocupação principal, ou de montar uma empresa própria. Ele fez isso adequando seu trabalho para que o levasse a seu modo de vida ideal — e se tornando indispensável para seus empregadores no processo. Depois de tanto tempo mudando de emprego a cada dois anos, Leon agora quer alguma estabilidade.

De uma forma ou outra, você trabalha para si mesmo

Há inúmeros casos de boas pessoas que perdem o emprego. Na "economia da autonomia" de hoje, trabalhadores qualificados e dedicados já não têm sua vida profissional e seu salário garantidos por um empregador. Mesmo empregos públicos, acadêmicos ou tradicionalmente tidos como "seguros" já não o são. Conheci um cara que esteve nas forças armadas durante quase vinte anos e foi dispensado sem nenhuma explicação — pouco antes de ter o tempo exigido para ser reformado.

Isso quer dizer que, mesmo que você esteja recebendo um salário fixo, é na prática um empregado de si mesmo, por ser o responsável por sua carreira. Por esse motivo, você precisa aperfeiçoar suas qualificações e gerenciar a si mesmo em caráter permanente. Isso é importante por dois motivos principais: primeiro, para resguardar seu emprego atual; segundo, para conseguir progredir.

Em sua carreira, Leon conseguiu conquistar diferentes cargos em diversas empresas porque nunca deixou de aperfeiçoar suas aptidões e de tentar dar uma contribuição maior do que a esperada. Seus esforços compensaram, tornando-o tão indispensável para seus novos empregadores que pôde ele mesmo moldar o cargo que pretendia.

Muita gente acha que, para ser um empreendedor, você deve inventar uma rede social no porão ou montar uma empresa de computadores na garagem. Nada poderia estar mais longe da verdade. Hoje em dia você não precisa sequer fundar um negócio para considerar--se um empreendedor; pode empreender dentro de uma empresa. O truque consiste em fazer como Leon e criar um cargo em que você possa trabalhar em alguma coisa que lhe interesse e ser tão inovador quanto seria se fosse autônomo *de fato*.

Mas como? Tudo se resume a se tornar indispensável a seu atual empregador. Quando sua equipe, empresa ou negócio simplesmente não puder mais funcionar sem você, estará em suas mãos a melhor moeda de troca do mundo na hora de pedir ao empregador para definir em seus próprios termos a função que representa seu bilhete premiado na loteria da carreira. Para ser indispensável não basta querer, mas pode-se chegar a isso adaptando as quatro estratégias relacionadas a seguir.

Torne-se o funcionário indispensável: quatro estratégias

Estratégia nº 1: Mantenha os trens circulando

Todo mundo conhece alguém que costuma ir além em termos de trabalho. Essa pessoa cumpre suas obrigações, claro — mas, sem se limitar a realizar o essencial, também procura ajudar onde puder.

Por exemplo, de tempos em tempos, você chegará a uma reunião sem saber bem quem está no comando. Quando isso ocorrer, avalie a situação para determinar as aptidões de liderança dos outros presentes. Lembre-se de que seu objetivo é fazer as coisas acontecerem e permitir que todos deem sua contribuição. Para isso, tome iniciativas sem assumir o controle. Seja colaborativo, faça perguntas e aceite responsabilidades em nome do grupo.

Ao término da reunião, encerre com uma recapitulação das tarefas com as quais o grupo se comprometeu: "Tudo bem, então John vai ligar para o fornecedor para verificar a entrega, eu vou fazer a

PORTÃO	HORA	DESTINO	CONDIÇÃO
B13	11.00	MANTENHA	NO HORÁRIO
A26	12.45	OS	NO HORÁRIO
A40	2.00	TRENS	NO HORÁRIO
A28	4.15	CIRCULANDO	NO HORÁRIO

outra pesquisa e um relatório", e assim por diante. Por fim, se ninguém mais estiver tomando notas, faça isso. Digite-as e envie-as aos participantes nas 24 horas seguintes à reunião.

Você já deve ter ouvido dizer que "se quer que alguma coisa seja feita, peça-a a uma pessoa muito ocupada". Para ser indispensável, seja a pessoa ocupada que faz as coisas — e deixe outras coisas encaminhadas para o resto do grupo.

Estratégia nº 2: Evite o rentismo e outras práticas condenáveis no local de trabalho

Se você já teve algum tipo de emprego, ou mesmo que seja autônomo, deve saber que nem todas as "horas de trabalho" são tão produtivas. Na verdade, grande parte delas é improdutiva. É difícil eliminar *completamente* o trabalho improdutivo, já que sempre haverá um momento de inevitável desvio de nossas incumbências e reuniões diárias. No entanto, a maior parte do trabalho improdutivo resulta apenas de um mau hábito comum que consiste em assumir tarefas para causar boa impressão ou firmar sua reputação sem na verdade agregar nenhum valor real.

Os economistas chamam de "rentismo" as atividades que promovem transferência de riqueza sem que haja aumento de valor. É o que os lobistas fazem quando tentam convencer as autoridades a aceitar os contratos mais convenientes para eles. É também o que os empregados dispensáveis fazem quando se ocupam de atividades sem propósito durante as horas de serviço. Qualquer que seja seu tipo de trabalho, você provavelmente se lembrará de exemplos dessa prática.

Vivi um caso extremo de rentismo quando viajava pela fronteira entre o Benin e a Nigéria, na África Ocidental. A Nigéria é um belo país, com um povo muito amável, mas a maior parte dos nigerianos quer ser o primeiro a lhe dizer que o governo é incrivelmente corrupto. O suborno é quase um meio oficial de fazer negócios e uma parte normal da vida cotidiana. A essa altura, eu já morava na África Ocidental, onde a corrupção é endêmica, havia um par de anos. Mesmo assim, fiquei chocado com a amplitude e o descaramento dos pedidos que recebi ao cruzar a fronteira. Para entrar no país, tive de apresentar meu passaporte a não menos de oito homens, todos enfileirados num escritório ao ar livre. Em teoria, eles estavam ali para cumprir uma função importante, que eu não conseguia compreender qual era. Alguns faziam um aceno para mim sem dizer uma só palavra, outros faziam uma ou duas perguntas, e alguns apenas pegavam meu passaporte e ficavam esperando. Pelo que pude entender, nenhum deles estava fazendo qualquer coisa além de intimidar os viajantes e tentar extrair-lhes um dinheiro extra.

Se tiver sorte, você não encontrará esse tipo de rentismo em seu escritório. No entanto, pode haver ocasiões em que perceba a existência de atividade intrinsecamente circular ou inútil aos objetivos da empresa. Sempre que possível, combata esse comportamento — e assegure-se de não ceder à tentação de incorrer nele.

Estratégia nº 3: Ajude sua empresa a atingir seus principais objetivos, mesmo que não se relacionem com seu trabalho efetivo

Existem muitas funções diferentes numa grande empresa, e nem todas são responsáveis diretas pela produção de lucro ou por outros objetivos tangíveis. Você pode ser parte essencial do trabalho que se desenrola nos bastidores, mas pode achar um meio de chegar mais longe. Não se contente em dar duro, encontre um meio de maximizar lucros ou de estabelecer de alguma forma uma ligação direta entre suas iniciativas e o êxito da empresa.

Conheci um voluntário que trabalhava em tempo integral para uma organização de caridade e era responsável por levantar seu próprio suporte financeiro. A cada trimestre, ele escrevia às pessoas que o apoiavam, agradecendo pela ajuda, e sutilmente recordava que as necessidades persistiam. O problema era que essa pessoa trabalhava na contabilidade da organização — uma função das mais importantes, mas que não parece muito interessante para quem está de fora. Na tentativa de obter mais contribuições, ele imaginou um jeito criativo de descrever seu trabalho. Em vez de falar de suas obrigações cotidianas, cheias de demonstrações contábeis e análise de planilhas, ele contava a história mais abrangente daquilo que a organização estava fazendo. Depois falava sobre as funções de apoio que ele e os colegas desempenhavam e sobre como contribuíam para objetivos mais amplos. "Isto é o que você está fazendo acontecer!", era a afirmação implícita e bastante eficaz.

AJUDE SUA EMPRESA A ATINGIR SEUS OBJETIVOS

Estratégia nº 4: Se seu trabalho está correndo o risco de se tornar obsoleto, não se agarre a ele — mude!

Todo começo de ano, dou uma olhada relutante para a pilha de listas telefônicas entregues no meu escritório. E todas as vezes vejo os destinatários das listas jogando-as de imediato no cesto de material reciclável (faço o mesmo). O que sobra daqueles pesos de papel de quinhentas páginas é abandonado no saguão do prédio até que apareça alguém para removê-los, provavelmente com destino a um aterro sanitário ou uma estação de reciclagem.

Esse hábito não é apenas um desperdício inacreditável, é também uma indicação óbvia de uma atividade em vias de extinção. Os telefones celulares substituíram as linhas telefônicas fixas, mas centenas de milhares dessas listas inúteis continuam sendo impressas. É possível que as listas telefônicas ainda existam porque há anunciantes dispostos a financiá-las, mas, quando deixarem de pagar, o negócio acaba.

Imagine que você seja o encarregado das operações de uma empresa que produz listas telefônicas impressas. O que você faria? Em primeiro lugar, poderia pensar em começar a procurar outro emprego. Mas, supondo que esteja relativamente satisfeito, faria melhor se começasse a pensar em como ajudar a ressuscitar um produto irrelevante, ou pelo menos a apoiar a transição da empresa para algum serviço que faça sentido nos tempos atuais.

Seja qual for seu ramo de atividade ou seu empregador, faça a si mesmo as seguintes perguntas e pense em que poderia contribuir para uma mudança positiva:

- As pessoas ainda vão querer nossos produtos e serviços daqui a cinco anos?
- Como nossa atividade pode continuar sendo importante em tempos de mudança?
- O que se pode fazer como preparação para o futuro?

De consultora a dona de start-up a funcionária, em seus próprios termos

Mesmo que você não dê muita importância aos benefícios de um emprego tradicional (salário em dia, benefícios, alguma estabilidade), há muitas profissões que não se pode abraçar como artista solo. Shelli Rae Varela, a bombeira de quem falamos no capítulo anterior, é um ótimo exemplo. Não dá para ser um bombeiro autônomo, por mais que queira. A solução é administrar o emprego para fazê-lo trabalhar para você — e, provavelmente, se tornar um funcionário melhor no processo.

Chiara Cokieng foi criada nas Filipinas e sempre quis fazer alguma coisa por conta própria. Via por toda parte microempresários fazendo dinheiro com meios criativos — pessoas comuns que ganhavam a vida vendendo coisas na feira, ou dirigindo jipes de turismo —, e esse modo de vida lhe parecia atraente. Era empreendedora por natureza, e bem cedo encontrou sua primeira oportunidade de negócio como distribuidora de bolinhas de gude na escola primária. Chiara descobriu que podia comprar as bolinhas por um peso cada uma e vendê-la por cinco pesos, embolsando o lucro.

Depois de formada num curso de prestígio na Universidade das Filipinas, ela trabalhou numa empresa global de consultoria, carreira das mais seguras para a elite educada do país. O trabalho era interessante e lhe permitia viajar aos Estados Unidos, onde permanecia durante meses. Sua base ficava em Atlanta, mas nos fins de semana ia a San Francisco, Nova York e outras cidades. Isso foi interessante durante algum tempo, mas ao pegar o voo de volta ao escritório do cliente, no domingo à noite ou na segunda de manhã, Chiara se via sempre em companhia de outros consultores a caminho de suas tarefas semanais. Muitos pareciam infelizes, e ela acabou decidindo que a experiência não era o que queria para o futuro.

Chiara reuniu informações e traçou um plano para uma empresa de direitos autorais que pretendia lançar e, ao voltar às Filipinas, deu o salto. Num ato de fé, lançou um blog bem otimista intitulado "Como larguei meu emprego e dobrei minha renda". O único problema era que a segunda parte na verdade não estava acontecendo. Sua empresa de direitos autorais não foi um fracasso estrondoso — ela conseguiu diversos clientes desde o início e começou a montar um serviço de acompanhamento pela internet —, mas também não foi o sucesso imediato que sonhava.

Depois de buscar um orientador para aconselhá-la, descobriu uma coisa melhor. Chiara tinha fundado uma empresa interessante que não era como uma grande agência de consultoria em que havia trabalhado antes, mas era muito maior que um minúsculo negócio de uma mulher só. De repente, ela percebeu que queria ajudar a fazer crescer o negócio dele, tanto para que ele tivesse sucesso como para se preparar para outra tentativa de empreendimento.

"Quero ajudá-lo de algum modo", disse ela a seu mentor. "Se der certo, você talvez me contrate."

"Tudo bem", disse ele. "Mas o que seria esse 'de algum modo'?"

Num impulso, Chiara disse que tinha algumas ideias para melhorar a lógica do website da empresa. Ela faria isso aprendendo durante o processo: seus objetivos iniciais foram tirados de uma lista que encontrou na internet para um livro sobre análise lógica. Ela aprendeu rápido, e em seguida se pôs a *fazer*, sem esperar uma autorização oficial ou sequer uma garantia verbal de que o trabalho conduziria a um emprego. Mas a aposta compensou. Em pouco tempo, a empresa criou uma função de tempo integral para Chiara, com horários bem flexíveis.

Depois de dois anos, ela continua dando suporte à start-up. Mas também está de olho na próxima atualização do negócio. Para o futuro, ela pretende conseguir os dois objetivos: ajudar a start-up a crescer e voltar aos planos de ter um negócio próprio.

Mostre uma prova de conceito

Depois de se tornar indispensável para seu chefe ou empregador, como vai fazer para convencer os escalões superiores a transformar seu emprego atual no trabalho para o qual você nasceu?

A estratégia de Chiara foi apresentar uma "prova de conceito" — ela mostrou na prática a um possível empregador exatamente o que era capaz de fazer. Também relacionou essa prova ao valor que poderia agregar.

Ela não pediu autorização, nem esperou que estivesse contratada. Tomou a iniciativa, mergulhou de cabeça e demonstrou qual era o valor que poderia trazer para a empresa, e isso deu certo. Essa é uma estratégia que pode funcionar quando você estiver tentando ser contratado pelo empregador de seus sonhos, ou trocar de função em seu atual emprego. Simplificando, se puder provar que é indispensável para alguma coisa, por que seu chefe ou empregador *não ia querer* que você assumisse a responsabilidade?

SEJA O TIPO CERTO DE HERÓI

Há muitos e muitos anos, morei num pequeno país da África Ocidental, Togo. Estava alojado num navio-hospital atracado em Lomé, a capital, e era membro de uma equipe que desenvolvia um processo educacional numa aldeia a três horas dali.

Lori, que fazia parte de nossa equipe, precisava ficar na aldeia durante os dias úteis, mas não nos fins de semana. Como havia muitos projetos competindo pelo transporte, não era possível reservar um veículo só para ela. Lori teria de passar o fim de semana na aldeia, mas a vida no lugar fica monótona demais ao fim de alguns dias. O que fazer?

Resolvi o problema prontificando-me a trazê-la e levá-la de volta durante o tempo que ela precisasse. Assim, o veículo estaria disponível para os outros durante a semana, e ela não teria de passar na aldeia todos aqueles dias.

"É uma loucura!", disse outro colega quando soube de minha ideia. "Você vai dirigir seis horas indo e voltando duas vezes por semana durante três meses."

E foi isso mesmo que fiz, e nem foi tão ruim. A única coisa que precisava fazer era... dirigir.

Todas as semanas, eu dirigia durante três horas em direção ao norte, deixava Lori e voltava sozinho. Na quinta-feira fazia a viagem de novo, pegando Lori na aldeia e voltando com ela para o navio. Para mim era muito simples: havia necessidade de fazer alguma coisa, eu não via outra forma de resolver e por isso decidi assumir aquilo pessoalmente.

Seria eu um herói? De certa forma fui *útil*, e minhas intenções eram boas, mas em retrospecto essa pode não ter sido a decisão mais inteligente. Sendo "tão prestativo" para ela, eu ficava ocupado durante muitas horas. Algumas de minhas tarefas habituais acabavam não sendo feitas e, como estava sempre cansado depois da viagem de seis horas, minha produtividade saía prejudicada.

Claro, fazer a viagem um par de vezes foi ótimo — é sempre bom dar apoio a sua equipe e ser o primeiro a se oferecer como voluntário. Mas talvez, em vez de levá-la todas as vezes, eu pudesse ter imaginado uma coisa melhor. Poderia ter solicitado a ajuda de outros voluntários e distribuir o trabalho. Poderia ter feito uma vaquinha para contratar um carro com motorista para algumas das viagens, evitando que um de nós estivesse seis horas longe de um trabalho essencial.

> Você pretende ser confiável e indispensável. No entanto, os heróis de verdade são capazes de ver o quadro mais abrangente e chegar a soluções boas para todos os envolvidos.

"Chefe, vamos falar de prioridades: as suas e as minhas"

Tornar-se indispensável é ótimo, mas causa um grande problema. Depois que você se torna um funcionário confiável e valorizado, seus superiores podem querer lhe atribuir um número cada vez maior de tarefas. Quando chega a hora de pensar num novo projeto, ou numa nova tarefa, pode ser melhor pedir às pessoas com quem você trabalha (e para quem trabalha) que analise a questão considerando as outras responsabilidades já atribuídas a você.

O melhor é começar a conversa com um "Deixe-me ajudá-lo". Seu chefe ou seus colegas podem não saber muito bem de quantas coisas você já se ocupa, portanto tenha à mão uma lista de tarefas. Esta seria uma boa abertura: "Já estou trabalhando em projetos de alta prioridade. Quais dessas prioridades é mais importante?".

Você pode também solicitar mais recursos para desempenhar bem seu trabalho. Tente o seguinte: "Tudo bem, entendo que isso é importante, mas tenho uma porção de outras coisas a fazer. Para assumir essa nova tarefa, preciso disto e daquilo".

Por fim, mostre o potencial positivo de assumir a nova tarefa de modo que permita o envolvimento de outras pessoas. Isto pode ajudar: "Quer que me incumba pessoalmente do trabalho todo, ou devo buscar um modo que permita que outra pessoa faça isso no futuro?".

No final das contas, seu objetivo de tornar-se indispensável só vai funcionar se você não ficar sobrecarregado a ponto de não conseguir fazer as coisas direito. Certifique-se de que pode fazer com excelência tudo o que já está em seu cronograma antes de erguer a mão e se oferecer para assumir uma tonelada de coisas novas.

Tire um período sabático, mesmo que fique no emprego

Às vezes você sente que sabe muito bem qual é a função de seus sonhos no trabalho atual. Em outras ocasiões, não tem tanta certeza. Que fazer?

Você deve conhecer o conceito de período sabático, em que a pessoa se afasta do trabalho por um longo período, seja para descansar ou para fazer alguma coisa diferente antes de voltar. O período sabático pode ser uma ótima maneira de recarregar baterias e recomeçar, pois você volta ao trabalho cheio de energia e entusiasmo. Pode ser também uma ótima oportunidade de refletir sobre o que não está dando certo para você em sua função atual, pôr as coisas em perspectiva e talvez fazer algumas experiências para descobrir que mudanças podem ser feitas para transformar seu emprego atual no trabalho para o qual nasceu. Os professores, por exemplo, muitas vezes tiram um período sabático para se dedicar à pesquisa ou à publicação de um trabalho. Tradicionalmente, os períodos sabáticos duram entre um e três meses, às vezes mais, e podem ser difíceis de conseguir hoje em dia. Mesmo assim, há quem encontre um modo de inserir intervalos mais longos entre seus compromissos de trabalho.

Rachael O'Meara, funcionária do Google durante muito tempo, estava com problemas de desempenho no trabalho. Ainda acreditava na missão da empresa, e as condições de trabalho eram excelentes, mas ela precisava de um tempo. Apresentou então a seu gerente o seguinte pedido: "Posso tirar três meses de licença não remunerada?". Não era uma negociação fácil, mas Rachael explicou que seu compromisso era com o Google e que pretendia voltar, mas precisava de algum tempo afastada do trabalho. Depois de algumas conversas com o departamento de RH, seu pedido foi aprovado, desde que ela treinasse alguém para substituí-la antes de sair.

Por escolha própria, ela não traçou grandes planos para seu período sabático. Fez umas poucas viagens curtas com amigos e a família, e depois instalou-se na casa de veraneio de um amigo em Tahoe. Dedicou seu tempo a desenvolver e concluir uma série de cursos on-line com o objetivo de encontrar alguma coisa de que gostasse e na qual fosse boa. Na última semana do período sabático, ela foi ao Burning Man, um festival de arte e cultura no deserto de Nevada. Ao voltar ao Google, assumiu a função totalmente nova de executiva de contas no departamento de vendas, sentindo-se atualizada e energizada.

Em Alexandria, no estado da Virgínia, uma empresa de consultoria financeira adotou espontaneamente a pouco convencional prática de conceder períodos sabáticos. A Motley Fool,* que tem cerca de trezentos funcionários, a cada mês manda um deles para um período de "férias compulsórias". Em consonância com a cultura da empresa, o período é chamado de "Missão do Bobo", e todos os meses um feliz empregado é escolhido por sorteio (para o qual os funcionários mais antigos recebem vários números, de acordo com o tempo de serviço). O vencedor ganha duas semanas de folga e mil dólares para gastar como quiser, mas as regras são estritas: o sorteado deve sair de imediato e não manter nenhum tipo de contato com o escritório durante sua licença. Os ganhadores são incentivados a fazer alguma coisa que contribua para a missão geral da Motley Fool ("ajudar o mundo a investir melhor"), mas, fora não ler e-mails nem ligar para o trabalho, não há restrição ao que podem fazer.

Talvez você não tenha um prêmio tão generoso e flexível à sua disposição, mas talvez esse caso possa servir de inspiração para propor um projeto semelhante em sua empresa. Você gostaria de assumir uma Missão do Bobo? Se não for possível tirar duas semanas de licença, será que você não poderia deixar o trabalho e fazer algo diferente pelo menos por um dia? Se um tempo fora do escritório não estiver a seu alcance de jeito nenhum no momento, pense na possibilidade de um *período sabático interno*, durante o qual você possa experimentar outra função ou outro conjunto de atribuições. Você pode pedir para acompanhar o trabalho de pessoas de outras funções, ou tentar autorização para trabalhar em outra área durante

---

* Expressão que aparece numa fala da comédia *Como quiserem*, de Shakespeare, e significa algo como "Bobo Espalhafatoso" (ato II, cena VII). (N. T.)

uma semana. Nesse período, você vai entender como as coisas funcionam em outros departamentos e em outros cargos, e talvez possa ter ideias que consiga adaptar a suas funções.

Como sempre acontece, quanto mais valiosa for sua contribuição para a empresa, mais fácil será negociar um acerto favorável. Pode ser difícil para seu chefe sobreviver por algum tempo sem você, mas se deixar claro que vai voltar com as baterias recarregadas e mais indispensável do que nunca, um chefe inteligente entenderá que sua proposta é vantajosa para todos.

Leon, Rachael e outros funcionários tornaram-se indispensáveis e foram capazes de transformar suas atividades no emprego que preenche as condições ideais de paixão, competência e fluxo. Criaram também muito mais estabilidade no cargo para si mesmos, seja nas funções atuais ou na forma de oportunidades complementares.

Não há nada errado em ser empregado, principalmente se você fizer seu emprego trabalhar para você.

"Certas pessoas olham meu currículo e enxergam um caos. O melhor amigo do meu pai disse que jamais me contrataria porque eu vivia pulando de um lugar para outro. Mas para mim isso faz sentido total. Nunca me senti adaptada no modelo corporativo, ou no esquema de trabalho de nove às seis. Criando minha própria carreira, posso crescer e progredir, e acredito que assim atendo melhor a mim mesma e aos demais."

Lia, 44 anos, consultora de marcas autônoma

CAPÍTULO 11

A estrela do rock que põe a mão na massa

OBJETIVO: Recrutar um pequeno exército de fãs e apoiadores

Há algum tempo, era comum que os artistas afirmassem que seu sucesso se devia "aos fãs". No entanto, músicos, pintores e escritores de hoje em dia sabem que seu sucesso não se deve apenas "aos fãs", mas também à relação que o artista mantém com eles. Veja como se transformar numa estrela do rock em qualquer empreendimento criativo na nova ordem mundial, formando uma base fiel de fãs (calças de couro não incluídas).

Quando eu era mais jovem, gostava de fazer música. Sabia tocar uma porção de instrumentos, tentando sempre adquirir uma nova competência, mas o baixo e o piano eram meus preferidos. Tocava mais ou menos bem, e procurava ser um bom ouvinte quando tocava em grupo. Aprendi a ler partituras e a improvisar, duas competências que nem sempre andam juntas no mundo da música, e me saía razoavelmente bem quando uma banda me chamava para um trabalho.

Mas eu não era excelente. Da mesma forma como tive de aceitar que jamais seria um grande jogador de basquete, também me conformei com o fato de saber que não seria chamado a qualquer momento para entrar em estúdio com Katy Perry.

Mas enfim entendi que meus sonhos de me tornar músico de rock na verdade não tinham a ver com querer passar os dias gravando músicas num estúdio sem janelas. O que eu queria mesmo fazer era *viajar*. Pôr o pé na estrada. Sempre adorei viajar, mesmo antes de decidir cair no mundo, e adorava a ideia de ir de cidade em cidade, parando aqui e ali, conhecendo diferentes paisagens de dia e cantando para multidões à noite.

Não precisava de fãs, nem de tigelas e mais tigelas de M&M, nem que tudo fosse puro glamour. Eu só queria estabelecer contato com pessoas de lugares diversos, e me sentia atraído por um modo de vida que me levasse a diferentes cenários.

Desisti da música quando comecei a escrever, mas aconteceu uma coisa engraçada: acabei tendo tudo o que sempre quis. Claro que Katy Perry nunca me ligou, mas encontrei a maneira de ter o trabalho perfeito para mim, que se realizou de um modo um tanto diverso de minhas expectativas iniciais.

279 dias para o sucesso instantâneo

Durante os sete últimos anos, ganhei muito bem a vida como escritor autônomo. Relatei o primeiro ano dessa jornada num manifesto on-line intitulado "279 dias para o sucesso instantâneo". Como eu disse na época, era a história de como criar uma fonte de renda de dedicação exclusiva como escritor, sem recorrer a publicidade ou patrocinadores em meu site. Muitas coisas dessa história pregressa ainda são importantes, e depois de mais de 2 milhões de downloads ela continua acessível gratuitamente em meu website.

O manifesto "279 dias" não foi na verdade a culminação de nada; foi apenas uma cronologia do que aconteceu em minha vida até então. A jornada continuou por muito tempo depois que escrevi a história inicial, já que visitei pelo menos vinte países por ano, escrevendo sobre minhas aventuras e fazendo contato com mais leitores e pessoas interessantes em toda parte. Quando escrevi na época que me entusiasmava a ideia de manter uma vida confortável como escritor autônomo, era verdade — mas me entusiasmava ainda mais o "próximo capítulo" na elaboração do livro, que era pôr o pé na estrada.

Vamos recuar para 2010, quando eu estava me preparando para a publicação de meu primeiro livro. Viajei muito antes disso, e o número de leitores de meu blog aumentava todas as semanas.

Eu sabia que essa comunidade em desenvolvimento devia sua força ao vínculo que eu mantinha com as pessoas que liam o blog e participavam dele, então resolvi conhecer todos os membros que pudesse numa viagem independente pelos cinquenta estados americanos e pelas dez províncias do Canadá. Acrescentei mais alguns lugares para chegar a um total de 63, e pedi a meus leitores que ajudassem a organizar uma "turnê literária não convencional".

A turnê foi um grande sucesso. Pelo percurso conheci gente que contava histórias interessantes, muitas vezes depois de dirigir durante horas para chegar ao local do encontro. Em cada parada eu fazia uma breve palestra e uma sessão de perguntas e respostas, mas tentava concentrar a maior parte dos eventos menos no livro e mais nas *pessoas*.

Entre outros lugares, reuni grupos de leitores num estúdio de pilates (em New Haven), em cafés (em Wilmington, Lexington e Louisville), numa pizzaria (em Anchorage), num albergue (em Atlanta), numa galeria de arte (em Lawrence), numa fazenda (em Nashville), numa casa de shows de heavy metal (em San Francisco), num edifício comercial (na Filadélfia) e em vários espaços de coworking.

O lugar mais esquisito foi um mercadinho no centro de Minneapolis. O local não era tão inusitado como pode parecer de início: mas fazia parte de uma iniciativa de revitalização da área e estava cercado de lojas interessantes de comidas típicas. Mesmo assim, não deixava de ser um *mercadinho*, com péssima acústica e um palco montado na frente do balcão de congelados. Fregueses que tinham vindo para comprar um litro de leite e não faziam ideia do que estava acontecendo misturavam-se a meus leitores, que tinham comparecido especificamente para o evento. De vez em quando, um anúncio veiculado pelo sistema de som interrompia minha palestra: "Senhoras e senhores, comprem um bolo e levem dois na padaria! Temos também couve-flor em promoção!".

Depois dessa experiência, tomei uma decisão: mercadinho nunca mais.

Mas continuei viajando, fazendo todo o possível para dar impulso aos meus livros e apoiar a comunidade em crescimento. Sabia que, enquanto continuasse escrevendo e produzindo obras de que as pessoas gostassem a ponto de pagar por elas, nunca seria demitido — e poderia continuar viajando sempre que quisesse. Mesmo sem as tigelas de M&M, eu sentia que tinha encontrado o músico de rock que havia em mim.

Desista de reality shows, construa sua própria base de fãs

Nos velhos tempos, para se tornar um músico de sucesso, era preciso ser escolhido ou aceito por alguém que abrisse portas, em geral uma gravadora. O mesmo acontecia com os escritores: para ter êxito, seu principal objetivo devia ser convencer um editor a apostar em você. De forma análoga, os artistas visuais precisavam de galerias, e apresentadores precisavam de emissoras.

Em outras palavras, o talento não bastava. Mesmo que tivesse meios comprovados de oferecer ao público algo que valesse a pena, você ainda dependeria das forças que o levariam a alcançar esse público.

Por sorte, os tempos mudaram no mundo do estrelato. Hoje em dia, graças a ferramentas como o Instagram e o Twitter, que facilitam como nunca a comunicação com os fãs, um número cada vez maior de pessoas está criando espaço de trabalhos independentes, apoiado pelos fãs. Os músicos da cena indie quase sempre preferem trabalhar sozinhos, mesmo depois de ter oportunidade de assinar contrato com gravadoras. Editoras tradicionais agora disputam escritores que já venderam centenas de milhares de livros diretamente aos leitores por meio de plataformas como o Kindle, da Amazon, ou até mesmo em seus próprios sites.

Hoje em dia, os músicos, artistas plásticos e escritores sabem que seu sucesso se deve não apenas "aos fãs", como sempre disseram. A diferença é que agora o sucesso depende *do relacionamento que o artista mantém com os fãs*.

Eu poderia passar dias contando histórias de sucesso. Seguem-se algumas das minhas preferidas:

- O romancista Robin Sloan publicou um livro na internet que, depois de acessado por milhares de ávidos leitores, tornou-se um best-seller impresso;

- A banda indie Pomplamoose teve centenas de milhões de acessos no YouTube e depois disso fez uma turnê por 24 cidades (falaremos mais sobre ela a seguir);

- A pintora franco-americana Gwenn Seemel lança todas as suas obras para acesso grátis, mas mesmo assim tem um bom rendimento proveniente dos retratos em que se especializou.

Há muito o que aprender com esses exemplos, mas é necessário fazer uma ressalva: no que se refere ao trabalho criativo e artístico, o sucesso nunca se repete da mesma forma, ou seja, você pode fazer exatamente o que essas pessoas fizeram e não ter os mesmos resultados.

No entanto, se estiver buscando um tipo parecido de sucesso, é importante compreender o que essas histórias têm em comum. Felizmente, a resposta é muito clara. Quase sem exceção, as pessoas bem-sucedidas na nova economia têm quatro características em comum: um corpo de trabalho (produto), um grupo de fãs (público), um meio de veicular o corpo do trabalho (plataforma) e uma forma de remuneração pelo trabalho (dinheiro).

O produto

Todo artista tem seu portfólio, um corpo de trabalho que produz para que outros consumam. Não precisa ser "arte" no sentido tradicional; pode incluir inúmeras coisas, como pinturas, podcasts, ensaios, recursos educativos, músicas para download, álbuns, joias artesanais, linhas de roupas, fotos de gatos engraçadinhos (há mercado para tudo...) e muitas outras opções. Qualquer artista de sucesso sabe permanecer concentrado principalmente na ampliação e no desenvolvimento de seu corpo de trabalho.

O público

De nada vale um portfólio brilhante sem fãs, ou seja, pessoas que apreciem — e que sustentem na prática — o trabalho do artista. Artistas novatos costumar ter dificuldade para conseguir fãs, e é muito fácil se frustrar. Ganhar fãs não é um processo simples; não dá simplesmente para ir a uma loja de fãs e comprar um pacote de uma dúzia. O processo exige paciência, persistência e um envolvimento de mão dupla. Os artistas mais populares são os que se *comunicam* com os fãs, não os que *discursam* para eles.

Com o tempo, porém, se você puder se comunicar e se envolver de fato com pessoas que apreciam o que você cria e querem fazer parte disso de alguma maneira, vai conquistar e conservar um séquito de fãs fiéis, evangelistas e embaixadores que vão não apenas devorar seu trabalho, mas também divulgá-lo com entusiasmo para outras pessoas.

A plataforma

Para cativar esses seguidores, você vai precisar de uma plataforma, ou seja, um meio de se conectar com os fãs de maneira mais ou menos regular. Hoje em dia, entendemos por "plataforma" uma rede social, um e-mail ou quem sabe um boletim informativo. Mas o foco em tecnologias relativamente novas não deve ser visto como exclusivo ou completo. Há muito tempo, décadas antes de existirem redes sociais, muitos pintores, escritores e músicos já tinham uma plataforma. Outra maneira de entender a plataforma é como meio de chegar até as pessoas que dão valor a seu trabalho. Há mais de uma maneira possível, mas você não poderá escapar por completo dessa exigência.

O mercado

Por fim — e esse é o segredo —, as estrelas do rock de sucesso também têm uma maneira de fazer com que os fãs paguem para apoiar seu trabalho. Mais uma vez, há muitos modos de receber pagamento, mas, se seu empreendimento for um plano de carreira e não um passatempo, você terá de criar pelo menos um método permanente de receber o dinheiro em sua conta bancária.

O método mais simples e mais comum de receber pagamento é vender o produto do trabalho diretamente aos fãs e a outros interessados. Há quem descubra soluções mais criativas. A musicista e artista performática Amanda Palmer, por exemplo, ficou famosa, entre outras coisas, por ter levantado mais de 1 milhão de dólares numa campanha de crowdfunding para um novo álbum. Ela afirma que o relacionamento que construiu de forma paciente com os fãs ao longo de anos foi o fator mais importante para o sucesso de sua campanha, que nunca teria deslanchado se não fosse pelo ti-ti-ti originado naquelas bases.

Nenhum desses quatro requisitos é opcional; você vai precisar de todos eles para ter sucesso na nova economia. Pode ser tentador escolher o exemplo de uma pessoa famosa que deu certo sem precisar algum dos requisitos mencionados, mas essas são exceções muito raras. Se você quiser adotar um modelo comprovado, vai precisar de todos os quatro requisitos.

Não seja apenas inspirador; crie coisas que as pessoas possam comprar

Lembre-se: os fãs se relacionam com você por diferentes meios, e querem apoiar pessoas que são importantes em sua vida. Se seu objetivo for garantir seu sustento, porém, precisará criar algo que eles possam comprar. Imaginar o que seja isso pode ser óbvio para alguns. Se você for músico, vai criar música; se for pintor, vai criar pinturas.

No entanto, às vezes, para conseguir um meio de vida como artista, é preciso oferecer algo mais. Nos sete anos que venho me dedicando a escrever em tempo integral e a manter uma comunidade de leitores, criei uma grande variedade de produtos que as pessoas podem consumir (e pagar por isso). É claro que nem todas as iniciativas funcionaram bem, mas isso já é outra história. Entre outras coisas, minha lista tem:

- Livros publicados à maneira tradicional (como este que você está lendo).
- Livros, guias e relatórios autopublicados.
- Um site de "administração de viagens" com afiliados, no qual ajudo leitores que viajam de avião com frequência a acumular milhas e viajar pelo mundo.

- Um curso de marketing de um ano de duração.

- Vários outros cursos on-line.

- Parcerias com agências de viagens e fornecedores de serviços empresariais.

- Eventos presenciais (embora no meu caso a maior parte deles se baseie num modelo sem fins lucrativos).

- Algumas coisas que esqueci ou é melhor não mencionar (mais uma vez, nem tudo funciona!).

Mais uma ressalva: essa lista pode parecer uma espécie de plano diabólico para ficar rico, mas não é. Cada uma dessas ofertas surgiu naturalmente e evoluiu com o tempo à medida que eu tentava contemplar: a) as necessidades da comunidade e b) como essas necessidades coincidem com o que eu posso oferecer. Conheço diversos escritores que são muito mais ativos que eu na elaboração de um verdadeiro "funil" de produtos e serviços. Tenho só uma assistente e prefiro passar mais tempo escrevendo e viajando. Em consequência disso, existem muitas oportunidades que não aproveito, mas podem ser perfeitas para outras pessoas. Não vendo orientação técnica ou serviços de consultoria, por exemplo, nem tenho patrocinadores ou anunciantes.

Essa é apenas uma das vantagens de ser uma estrela do rock que põe a mão na massa — *você* escolhe seu próprio modelo de negócio. Quanto aos produtos que ofereci e foram desastrosos, bem, eles também tiveram seu momento e seu lugar. Às vezes vale a pena perder dinheiro no curto prazo em favor de um objetivo maior no futuro.

Ganhe dinheiro perdendo dinheiro

Na primeira de minhas turnês literárias, quando viajei por todos os estados americanos e províncias canadenses, perdi dinheiro. O mesmo aconteceu com a Pomplamoose na turnê indie que citamos anteriormente (a banda gastou 147 802 dólares e recebeu 135 983, um prejuízo líquido de 11 819 dólares). Você teria razão se argumentasse que perder dinheiro não é um objetivo ideal, nem mesmo para artistas. Mas a história como um todo dessas duas experiências nos mostra que o sucesso se encontra nos valores obtidos no longo prazo, não apenas em perdas ou ganhos imediatos.

Vejamos o que diz a respeito um dos dois líderes da Pomplamoose, Jack Conte:

> Sabíamos que seria uma iniciativa dispendiosa, e mesmo assim preferimos fazer o investimento. Poderíamos ter apresentado um show a quatro mãos em vez de contratar seis pessoas para viajar conosco. Teríamos poupado 50 mil dólares, mas naquela fase da carreira era fundamental que a Pomplamoose fizesse um show de rock pesado. Queríamos ser convidados a voltar a cada um dos lugares, e que no show seguinte os fãs trouxessem seus amigos. O prejuízo foi um investimento em turnês futuras.

E em relação à perspectiva no longo prazo? Eu tive uma sensação bem parecida na minha primeira grande turnê por conta própria. Minha contabilidade não foi nem de perto tão detalhada quanto a de Jack (lembrem-se, essa foi uma das razões pelas quais mudei de curso); mas, até onde sei, as despesas foram de mais ou menos 30 mil dólares e, como a entrada para os eventos era grátis, não houve faturamento nenhum.

Contudo, não foi na verdade um prejuízo, seja no que se refere à formação passo a passo de um público, seja no crescimento imediato de meu negócio. Da mesma forma que a Pomplamoose, eu acreditava que seria um investimento na formação de uma comunidade, não apenas uma despesa extraordinária.*

---

* Para ser sincero, não acredito que se deva fazer um investimento dessa monta numa atividade paralela ou numa experiência. Se não estiver plenamente envolvido com a ideia ou o projeto, poupe seu dinheiro. Quando você acreditar em alguma coisa a ponto de querer se sacrificar por ela, terá chegado o momento de investir.

Sempre procure fazer algo que interesse

Pelo menos uma vez por ano vou a Dubai, lugar que gosto muito de visitar. Mas há uma coisa sobre Dubai que sempre me deixa perplexo. Em todas as ocasiões, encontro belos restaurantes com acomodações luxuosas e um prestativo grupo de funcionários — embora houvesse pouquíssimos clientes, às vezes nenhum, sentados às mesas. Esses restaurantes dedicam muito tempo e esforço para proporcionar uma experiência especial à freguesia, que por sua vez nunca aparece. Por que os donos desses restaurantes continuam trabalhando, então? Isso já é tema para outro livro, mas a questão principal é que é muito melhor estar na situação inversa, em que nem tudo é brilhante e perfeito e você ainda não tem toda a estrutura necessária — mas está fazendo alguma coisa em que acredita em favor de uma comunidade em crescimento cujos membros se importam com ela a ponto de comparecer.

Quando as pessoas gostam de um novo restaurante, não importa se as mesas e cadeiras estão lascadas ou se é preciso ficar uma hora na fila. Você sempre pode polir ou melhorar as coisas pelo caminho. O importante é que as pessoas — os fãs — apareçam.

Em outras palavras, se você conseguir que o principal funcione bem, pode ter algumas coisinhas que não estejam nos conformes. Não dedique toda a sua atenção aos acessórios de uma estrela do rock. Concentre-se em fazer uma coisa que interesse e em conectar-se com pessoas que entendem do que se trata.

O reinventor profissional

Toda vez que passava pela segurança de um aeroporto, Jason tinha um problema: que identidade usaria? Tinha de lembrar com que sobrenome o bilhete foi emitido, já que provavelmente seria esse o que ele deveria usar.

Parece estranho, mas Jason não era um criminoso; ele apenas tinha leiloado os direitos sobre seu sobrenome. Durante um ano inteiro, foi HeadsetsDotCom — um nome real e legal, mas que não era o que seus pais lhe deram ao nascer, claro. Depois, durante mais um ano, foi Jason SurfrApp, outro nome que em geral não aparece nas certidões de nascimento. Como isso foi acontecer? Você já adivinhou que há uma história.

A menos que adotem o sobrenome de um cônjuge, a maior parte das pessoas adultas continua usando o nome que recebeu no primeiro dia de vida. Jason, no entanto, mudou legalmente seu nome três vezes em poucos anos.

Ele sempre gostou de experiências malucas. Depois de concluir a faculdade na Flórida, trabalhou muitos anos como designer gráfico num emprego desinteressante. Como via inúmeras empresas com dificuldade para passar sua mensagem, ele teve uma ideia: e se oferecesse seus serviços de anunciante independente para qualquer empresa que se dispusesse a pagar? Ele batizou sua ideia de "Eu visto sua camisa", que é exatamente o que o nome indica. Todos os dias, durante um ano inteiro, Jason usaria a camiseta de uma empresa e a promoveria nas redes sociais.

O projeto começou em 1º de janeiro de 2009. O primeiro dia de uso da camiseta custava um dólar, o segundo dois dólares e assim por diante, até chegar ao valor de 365 dólares, no último dia do ano. A novidade se espalhou, e as empresas começaram a reservar espaço com meses de antecedência, e depois para o ano seguinte, pagando um preço mais elevado. Durante cerca de cinco anos, Jason deu continuidade ao projeto, usando milhares de camisetas e anunciando marcas que iam desde empresas minúsculas de quem nunca ninguém ouviu falar a grandes companhias como a Nike e a Nissan. O projeto funcionou bem, rendendo 80 mil dólares no primeiro ano e muito mais nos quatro anos seguintes — mas o que ele faria depois? Jason não queria usar camisetas patrocinadas pelo resto da vida. Foi então que ele teve outra grande ideia: leiloar os direitos sobre seu sobrenome.

Primeiro, algumas informações. Jason foi criado sem uma figura paterna estável. Teve uma série de padrastos que lhe deram diferentes sobrenomes, mas não se sentia particularmente ligado a nenhum deles. Já que você não gosta de seu nome, pensou ele, por que não usar um outro?

Como marqueteiro louco que era, Jason decidiu mudar de sobrenome à escolha de quem desse o maior lance. Lançou um novo site, <BuyMyLastName.com>, e promoveu um leilão on-line. A ganhadora foi a Headsets.com, start-up que tinha um histórico próprio de ações de marketing bizarras. "Uma vez oferecemos fones de ouvido grátis para toda a vida a qualquer pessoa que tatuasse nosso nome no corpo", disse o CEO da start-up, "portanto aquilo nos pareceu uma continuação natural."

A <Headsets.com> pagou 45 500 dólares para que Jason se tornasse Jason HeadsetsDotCom. Por mais engraçado que possa parecer, a mudança foi real — Jason mudou *legalmente* seu nome, atualizou sua identidade e todos os demais documentos. Hoje em dia, essas atualizações devem incluir as contas em redes sociais, nas quais milhares de pessoas interagem com ele todos os dias.

Um ano depois, ele repetiu a experiência, mudando seu sobrenome para SurfrApp, vendido por 50 mil dólares a outra start-up na qual surfistas documentam e narram suas aventuras. Eu já tinha ouvido falar nas maluquices de Jason, mas comecei a prestar mais atenção nele depois que apareceu em minha mesa um livro seu, *Creativity for Sale* [Criatividade à venda]. O projeto do livro inspirou-se em suas outras campanhas: quando pensou em escrevê-lo, vendeu 75 mil dólares em patrocínios, com um pacote diferente *para cada página*. O manual autobiográfico é surpreendentemente interessante para um livro que contém uma nota de rodapé publicitária em todas as suas 224 páginas.

Quer ele se chamasse Sadler, HeadsetsDotCom, SurfrApp ou Zook (sobrenome de um bisavô, que ele enfim adotou para o resto da vida), fiquei fascinado com o fluxo de ideias e projetos que via em Jason. Hoje em dia, você pode ouvir falar em projetos como os de Jason todas as semanas... mas eles em geral não são todos da mesma pessoa.

O tema recorrente no trabalho de Jason é "onde a oportunidade encontra a ação" — uma coisa em que pensei muito enquanto escrevia este livro. Todas as ideias bizarras de Jason eram oportunidades que outras pessoas deixavam passar, mas que ele decidiu pôr em prática. Qualquer ideia era interessante e engraçada, mas foi a *execução* dos projetos e a capacidade de evoluir o que tornou duradouro o sucesso de Jason. E suas ideias não eram apenas criativas, também ofereciam um serviço que alguém queria adquirir.

LOCAL VERSUS GLOBAL: FAÇA SUA ESCOLHA

Derek Sivers é outro astro do rock feito que põe a mão na massa, e fundou um negócio varejista multimilionário usando uma estratégia incomum: atender ao telefone quando os clientes ligam. Mais tarde ele vendeu o negócio, deu a maior parte do lucro a uma fundação e se lançou a diversos outros empreendimentos.

A certa altura de sua vida de peripécias, Derek estava morando em Cingapura e construindo um novo website. Tinha dado numerosas palestras em conferências do TED e era uma pequena celebridade entre aspirantes a empreendedores. Quase todos os dias recebia convites para um café, para almoçar ou tomar uma bebida. Aceitava todos os que podia, e normalmente gostava desses encontros — mas não demorou para perceber que estavam causando um problema. Ele estava perdendo tempo demais bebendo e jantando, e já não tinha tempo para montar sua nova empresa, que atenderia um público global de milhares de pessoas. Viu que estava diante de uma escolha, que não era exclusiva dele.

Vejamos como ele entende isso:

> Você pode usar seu tempo em termos locais ou globais. Mas ao se comprometer demais em termos locais, vai se comprometer de menos em termos globais e vice-versa.
>
> Se tiver uma tendência mais local, você deve ser sociável, fazer pessoalmente uma porção de coisas e participar de sua comunidade. Mas dessa forma você fica com menos tempo para criar coisas para o mundo.

> Se tiver uma tendência mais global, vai se concentrar em criar coisas de longo alcance, distribuídas para o mundo todo. Mas isso implica menos tempo para participar de sua comunidade.
>
> Nenhuma dessas opções é certa ou errada, mas você precisa ter consciência das escolhas que faz.
>
> Em meu trabalho, tento me concentrar tanto no impacto global como no local, dando mais peso ao global, mas entendo exatamente o que Derek quer dizer. Ninguém seria capaz de estar presente por inteiro nas duas esferas, por isso é importante decidir qual delas é mais importante para você.

O caso de Jason mostra que é possível caminhar sozinho e encontrar o sucesso num amplo espectro de empreendimentos criativos. Como um artista de nossa época — na área da música, escrita, culinária, fotografia, dança, pintura ou qualquer outra coisa —, você poderá construir uma carreira baseada em relações diretas com os fãs. E não só isso, poderá ganhar um bom dinheiro com isso, principalmente se complementar o que ganha no núcleo de seu trabalho criativo com outras fontes de renda.

A melhor parte é que ninguém vai tirar isso de você. Afinal, se um negócio se valer apenas de fãs e leitores, você não pode ser demitido ou colocado para escanteio. E, como diria a Pomplamoose e muitos outros artistas independentes, há poucas coisas na vida tão compensadoras quanto ser pago para criar e dividir com o mundo uma coisa feita por você.

Mas é claro que você ainda vai precisar comprar suas próprias calças de couro.

"Era a intersecção perfeita de todas as coisas de que gosto."

Richard, 33 anos, acupunturista

CAPÍTULO 12

Como fazer tudo o que você quer

OBJETIVO: Recusar-se a fazer uma escolha

Em algum ponto do caminho, você recebeu um conselho horrível: é preciso escolher um nicho. Pode jogar sem medo esse conselho na trituradora de papéis que está debaixo de sua mesa. Deve chegar um momento de sua carreira em que vai precisar (e querer) se concentrar numa única coisa, mas até que chegue, você pode moldar o trabalho para o qual nasceu em torno de suas paixões e interesses.

Quando conversei com Devin Gadulet, um gerente editorial de 49 anos radicado em Los Angeles, ele foi logo dizendo que o curso de sua carreira poderia ser difícil de explicar. Nas três últimas décadas, teve antiquário, foi jogador profissional de pôquer, trabalhou em cinema, mexeu com imóveis e lançou um blog de viagens pelo menos cinco anos antes que as pessoas em geral soubessem o que vinha a ser um blog. Tinha ainda um outro projeto bem singular: queria casar-se cem vezes — com a mesma mulher, mas no maior número possível de lugares.

Foi bom que ele tivesse me avisado. Apesar de minhas abundantes anotações, tive dificuldade para acompanhar a cronologia de todas essas experiências, então parti para outra abordagem: "Quando você tinha oito anos, o que queria ser quando crescesse?".

Muita gente tem respostas interessantes para essa pergunta. No caso de Devin, ele respondeu sem hesitar: "Eu queria jogar na primeira base dos Dodgers", disse. Infelizmente, o sonho do beisebol morreu com o trauma de fazer doze anos, quando ele descobriu — com muita tristeza — que não tinha sido feito para o esporte.

Enquanto cursava os últimos anos do ensino fundamental, todo o ensino médio e o primeiro ano da faculdade, ele deixou de pensar em beisebol e começou a se ocupar de projetos, empregos e empreendimentos variados. Teve um quiosque de limonada, a clássica porta de entrada para o mundo do empreendimento. Vendeu quadrinhos e deu aulas particulares.

Toda essa energia e essa ambição se conservaram depois de entrar na idade adulta, e ele continuou trabalhando em diversas iniciativas e projetos. Quando seus pais se divorciaram, o pai deixou em casa as chaves do antiquário da família. Devin assumiu o negócio com o objetivo clássico de "comprar barato, vender caro". Aprendeu a precificar antiguidades e adquiriu a capacidade de distinguir um objeto raro e valioso numa montanha de porcarias. Foi divertido por algum tempo, mas depois ele conseguiu seu primeiro emprego na indústria do cinema, que o levou a outro e a um terceiro.

Anos depois, em outra transição, ele lançou um dos primeiros blogs de viagens e anunciou seu propósito de ver o mundo. Pouca gente conhecia alguma coisa sobre mídia on-line nessa época, e por isso Devin deu a si mesmo o cargo de editor-chefe — assim como o de redator, copidesque, web designer, suporte técnico e "faz-tudo". O sucesso de seu blog rendeu contatos na indústria do turismo, oferta de equipamento fotográfico com patrocínio e viagens grátis pelo mundo.

Enquanto narrava as reviravoltas de sua singular vida profissional, Devin dizia que o processo que o levou de um emprego a outro foi, ao mesmo tempo, um caminho espiritual e uma carreira.

"Na época", contou ele, "tudo parecia um absurdo aleatório. Encontrei portas abertas. Trabalhei em vendas durante algum tempo, insistindo com os clientes pelo telefone... Não faria isso agora, mas não me arrependo totalmente. Alguns desses trabalhos eram coisas que eu precisava fazer para chegar onde estou hoje. Acho que o que fiz de bom foi ter conservado a inocência da juventude durante muito mais tempo que a maior parte das pessoas." Ele não tinha medo de experimentar coisas diferentes — ou, se tinha medo, não se deixava imobilizar por isso.

Gostei da história de Devin e, quanto mais eu o pressionava para que me explicasse por que tinha feito tantas escolhas diversas na vida, mais ele voltava à perspectiva espiritual e filosófica em que se baseava. "Quando você está num vazio", segundo ele, "nem sempre sabe o que quer ou o que é melhor. Pode fazer uma lista de prós e contras, mas isso não dá certo para todo mundo, nem para todas as situações."

Devin mencionou uma citação que tinha ouvido de um amigo: "Você tem uma noção equivocada sobre o que acha que vai fazê-lo feliz". Durante esse período de sua vida, Devin esteve se recuperando do que define como uma série de "insucessos", ou empreendimentos que não saíram tão bem quanto o esperado. Esses impasses levaram a uma mudança de perspectiva. Em vez de procurar a felicidade em circunstâncias externas, ele adotou a decisão de aceitar a vida como ela se apresenta, sempre procurando o melhor, mas recusando-se a ficar obcecado com a busca de dinheiro ou status.

Atualmente continua trabalhando no site de viagens, que lhe dá inúmeras oportunidades de viajar de graça a convite de órgãos de fomento ao turismo. Ainda mexe com imóveis de tempos em tempos e está escrevendo um livro. Ah, sim, e descobriu algo que o faz feliz de verdade. Há dois anos, casou-se com Morgana Rae, uma empreendedora com sua própria história de carreira diversificada. Poucos meses depois, eles estavam no México, numa viagem de trabalho de Devin. Num impulso, ele perguntou a Morgana, durante uma caminhada: "Ei... quer casar de novo?".

Ela aceitou (ainda bem, pois eles já estavam casados), e fizeram seu segundo casamento em Puerto Vallarta. Depois disso, a ideia se transformou em uma missão: casar cem vezes em diferentes lugares do mundo. Quando conversamos, Devin e Morgana tinham se casado doze vezes, em lugares como San Marino, Croácia e Turquia.

Devin foi capaz de construir uma carreira e uma vida em torno de muitos interesses diversos. Contrariando o conselho tradicional, não precisou escolher uma coisa só. Escolheu muitas — e, no caso dele, esse era o trabalho para o qual tinha nascido.

O que devo fazer da minha vida? (resposta: começar a viver)

Em minha primeira sessão de autógrafos em Nova York, há muitos anos, vi pessoas fazendo fila para apertar minha mão e dizer oi. Uma das primeiras delas se aproximou e me fez uma pergunta que nunca vou esquecer. "Ei", disse ela, "não quero tomar muito tempo, mas tenho uma pergunta. O que devo fazer da minha vida?"

Dei risada e tentei pensar em alguma resposta útil, mas a verdade é que fiquei sem saber o que dizer. Todo mundo sofre muita pressão em relação a essa pergunta. Como vimos ao longo deste livro, a maior parte das pessoas não consegue responder na hora, e muitas vezes muda de ideia pelo caminho. Mas isso não quer dizer que a resposta não exista. Nosso objetivo, neste livro, não é necessariamente ter uma resposta para já; é desenvolver as ferramentas para enfim descobrir a resposta, não importa quanto tempo possa demorar. Às vezes, encontrar o trabalho ideal exige uma recusa a escolher um caminho único. Mesmo não podendo fazer *tudo,* muita gente quer fazer mais de uma coisa.

Em algum ponto do caminho, quase todos nós ouvimos o terrível conselho: você precisa escolher um nicho para sobreviver. Deve se concentrar numa única coisa, deixando de lado todas as demais, ou isso é o que lhe dizem, e não há espaço para uma mistura de coisas ou para ter mais de um interesse profissional predominante. Você pode jogar esse conselho, sem hesitar, na trituradora de papéis. Haverá momentos de sua carreira em que você vai precisar (e querer) se concentrar numa única coisa, mas, até que ele chegue, pode moldar sua vida em torno de todos os seus interesses e ainda assim ser bem-sucedido.

Tempo para isto, tempo para aquilo

Voltemos ao caso de Devin. Durante algum tempo, ele teve um antiquário. Depois trabalhou em diversas funções na produção de filmes. Depois fez o blog de viagens. Durante alguns períodos, suas várias atividades se sobrepuseram, e em outros ele se dedicou plenamente a um único interesse. O que acontece é que a vida é sazonal. Há um tempo para explorar e experimentar, tanto na vida dele como na nossa, e há também um tempo para manter o foco. À medida que ficamos mais velhos, fazemos escolhas, algumas delas permanentes (não se pode voltar atrás) e outras flexíveis (podemos mudar de ideia mais tarde). Em maior ou menor profundidade, nossa vida muda — estabelecemos relacionamentos, às vezes escolhemos um parceiro para muito tempo, às vezes temos filhos e *sempre* acabamos envelhecendo.

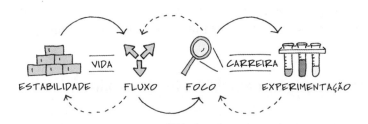

É claro que os ciclos de vida quase nunca são tão suaves. Há pessoas que navegam por um curso acidentado de muitas outras mudanças, tanto as esperadas como as imprevistas. Aprendemos a nos adaptar ao que acontece pelo caminho, mas a adaptação não é opcional. Não podemos controlar a maior parte das coisas que nos acontece ao longo da vida, da mesma forma como não podemos escolher não envelhecer.

Assim como temos de nos adaptar às mudanças que ocorrem

durante nosso ciclo de vida, devemos nos adaptar às mudanças que ocorrem em nosso *ciclo de trabalho*. Haverá momentos da vida profissional em que um emprego tradicional e estável de nove às cinco será mais adequado à fase em que nos encontramos, seja porque estamos criando filhos, cuidando de pais idosos ou tendo outros deveres que não nos permitem arriscar nossas economias numa nova ideia de negócio ou nos aventurar como empreendedores. Outras vezes, é possível que estejamos num momento em que nos sentimos mais capazes e dispostos a correr atrás de nossas ambições empresariais ou tentar uma ou duas atividades paralelas. Da mesma forma, haverá tempos em que certo objetivo ou interesse terá precedência sobre todos os demais. Nessas ocasiões, a busca — seja escrever um livro, abrir um negócio on-line ou entrar para o circo — ocupará todos os nossos pensamentos. E também haverá momentos em que vamos querer dar andamento a duas ou mais opções ao mesmo tempo.

Lembre-se de que não há fórmula pronta para a carreira ideal, e todos nós construímos nossa carreira à medida que trabalhamos. Assim, pular de um interesse a outro — ou conciliar interesses diversos ao mesmo tempo — pode ser um desafio. Felizmente, existe uma estratégia para nos ajudar a navegar por esse caminho acidentado. Chama-se "workshifting", ou alternância entre trabalhos.

"Alterne seus trabalhos" ao longo da vida

Todos nós tentamos de vez em quando, mas está cientificamente demonstrado que a capacidade de fazer várias coisas ao mesmo tempo é um mito. Para nosso azar, temos um único cérebro, que só presta atenção a uma coisa de cada vez.[*]

A alternância de trabalho, ou "workshifting", é diferente: consiste em tocar numerosos projetos e interesses concentrando atenção

---

[*] Quando você acha que está fazendo diversas coisas ao mesmo tempo, na verdade está apenas trocando de tarefa várias vezes, e em geral desperdiçando alguma energia e tempo de processamento nessas mudanças.

plena numa coisa durante algum tempo e depois, deliberadamente, mudar o foco para outra coisa. Pode-se fazer isso de acordo com um cronograma, com um método de projeto ou um método intuitivo, à medida que se vai avançando.

Alternância de trabalho com base no tempo

Um dia para isto, outro dia para aquilo, ou uma hora para o projeto A e duas horas para o projeto B — é assim que as coisas funcionam quando se usa o método do cronograma para administrar diversas atividades concomitantes.

Elon Musk é o conhecido CEO de duas grandes empresas, a Tesla Motors e a SpaceX. Além disso, está sempre anunciando outros grandes projetos e aparece em noticiários do mundo todo ligado a ideias completamente desconectadas entre si. Pelo que se sabe, ele divide seu tempo transitando entre escritórios, trabalhando numa quantidade de atribuições antes de voltar sua atenção para outra.

Isso pode parecer assustador, mas você não precisa fundar uma montadora de automóveis ou ir ao espaço para adotar uma prática de alternância semelhante. Precisa apenas de dois ou mais projetos e atenção concentrada num cronograma à escolha. Nem todos trabalham bem nessas condições, é claro — mas algumas pessoas conseguem.

Alternância baseada em rendimentos

Conheci um homem que tem uma requisitada empresa de paisagismo em Alberta, no Canadá. Na primavera e no outono, está sempre ocupado. No verão, fica ocupado *mesmo*. Mas, no inverno, quando as temperaturas caem abaixo de zero e o chão está quase sempre coberto de neve, sua atividade tem uma pausa. Felizmente, o paisagista tem outra paixão. Quando não está plantando bulbos de tulipa, antecipando-se aos primeiros indícios da primavera, é escritor de roteiros.

Esses interesses diferentes lhe permitem ter uma programação sazonal, ainda que atípica:

Verão: paisagismo o tempo todo
Inverno: quase todo dedicado ao roteiro, escrevendo o tempo todo
Primavera e outono: um pouco de cada

Assim como você não precisa planejar ir ao espaço para usar a alternância baseada no tempo de trabalho, não precisa ser paisagista para se valer da alternância com base nos rendimentos. Muita gente, de todas as ocupações, adapta criativamente esse modelo. Por exemplo, um professor pode ter uma atividade paralela durante o verão (depois de umas merecidas férias). O funcionário de uma empresa pode tentar conseguir um período sabático (ver páginas 211-3) e escrever um livro enquanto está fora do emprego. Há muitas maneiras de fazer esse modelo funcionar no seu caso, sejam quais forem suas paixões.

Alternância intuitiva

A maior parte das pessoas não organiza seu cronograma de forma minuciosa, como Elon Musk, nem sempre tem um trabalho sazonal como o paisagista do Canadá. Mas e se você quiser fazer um monte de coisas na maior parte do tempo?

Se conseguiu criar um ambiente de trabalho flexível, como o de Devin, você pode querer planejar suas atividades de modo mais intuitivo. Quando pensar em passar para a atividade seguinte, pergunte-se: "Como me sinto em relação a isso?" e "O que eu gostaria de fazer agora?".

É claro que também é possível usar uma combinação desses três modelos. Se seu trabalho envolve contato com outras pessoas, como costuma acontecer na maior parte das ocupações, é preciso coordenar reuniões e outros compromissos de acordo com o método baseado no tempo, pelo menos em parte. Embora seja sensato dar atenção ao que você sente no momento quanto a executar esta ou aquela tarefa, nem sempre poderá fazer exatamente o que tem vontade. Há ocasiões em que algumas coisas precisam ser feitas, seja como for que você se sinta em relação a elas. Mas a questão referente à multiplicidade de tarefas permanece. Você não deve tentar trabalhar num monte de coisas ao mesmo tempo, e sim concentrar sua atenção numa coisa antes de decidir passar para outra.

Por último, saiba que a alternância não é eficaz para todo mundo. Para algumas pessoas, é útil e libertadora. Para outras, desorganiza. Como sempre, lembre-se do modelo alegria-dinheiro-fluxo e escolha o que dá mais certo para *você*.

P: O QUE VOCÊ DEVE FAZER?
R: ISSO PROVAVELMENTE NÃO IMPORTA, PEGUE ALGUMA COISA E PRONTO

Segundo uma velha história, um aluno chegou para seu professor com um problema que muitos conhecem. "Tenho tantas ideias!", diz o estudante. "Mas não sei qual é a melhor."

"Isso provavelmente não tem importância", responde o professor. "Pegue uma delas e vá em frente."

Acontece que ficar paralisado é sempre pior do que fazer alguma escolha prática. Goste ou não, ao se recusar a fazer uma escolha, você na verdade já escolheu não fazer nada. E fazer alguma coisa — ou diversas coisas, mesmo que acabem sendo as coisas erradas — é quase sempre melhor do que não fazer nada. Mesmo quando você se sentir entregue à paralisia e indecisão, precisa encontrar um meio de entrar em ação e seguir em frente.

Alternância na prática: o administrador de comunidades virtuais

Quando se formou pela Universidade de Notre-Dame com uma dupla habilitação em tecnologia da informação e língua inglesa, Kelly Stocker não tinha certeza sobre o que ia fazer com isso, mas gostava da combinação de disciplinas. "Pensei que provavelmente os computadores vieram para ficar", ela explicou, "e eu gosto de ler."

Kelly foi criada em McAllen, no Texas, onde seu pai era dono de uma lavanderia. Quando criança, ganhou um kit de laboratório de química e queria ser cientista. Construiu clubes secretos para os amigos, até para se protegerem do calor do Texas, e por fim decidiu que queria entrar para a prestigiada faculdade de Indiana.

Depois de formada, viajou pela Europa e começou a publicar suas impressões de viagem nas primeiras comunidades virtuais. Reservou todos os seus alojamentos por meio de um site chamado Hostel World e se manteve fiel ao serviço. Quando foi de Barcelona para Nice, não quis ficar em alojamento que não fosse parte da rede, e deixou comentários on-line sobre todas as suas experiências.

De volta aos Estados Unidos, enfrentou o desconforto das entrevistas de emprego, como quase todo mundo, em especial quando se acaba de sair da faculdade. "Você fica desesperadamente insegura quando se vê nessa situação", disse ela. "Gente muito mais velha do outro lado da mesa, fazendo julgamentos não verbais sobre o que percebe em você e perguntando 'Qual é seu principal ponto fraco?'"

Mesmo assim, ela conseguiu um emprego na Dell, também no Texas, mas a cinco horas de distância de sua cidadezinha. O emprego era bom — nada do outro mundo, mas um lugar adequado para crescer e ganhar alguma experiência. Em Austin, sua nova cidade, ela descobriu um mundo novo de restaurantes e casas noturnas. Dando continuidade a sua paixão pelas resenhas, criou um boletim informativo dirigido a amigos em que recomendava diferentes lugares que valia a pena conhecer.

Como você deve ter visto em outros casos ao longo deste livro, cada uma dessas experiências, aparentemente aleatórias, na verdade fazia parte de um importante processo. Uma combinação de acontecimentos — fazer um novo amigo, receber um e-mail reencaminhado, topar com o grupo certo — levou Kelly a deixar a Dell para trabalhar na Yelp, empresa de avaliação on-line de estabelecimentos comerciais. Era o lugar perfeito para ela, por muitos motivos. Primeiro, Kelly tinha passado anos se preparando para o emprego, embora não soubesse disso. As comunidades eram sua vida. Ela era extrovertida e gostava de conhecer pessoas. O diploma em tecnologia da informação era bem adequado para uma empresa de internet, mas sua capacidade de traduzir conceitos técnicos para pessoas sem formação na área e vice-versa foi ainda mais útil. E havia ainda as resenhas que ela escreveu — Kelly sabia muito bem como o processo funcionava, o que levava as pessoas a confiar em avaliações on-line e o que fazer para proporcionar uma experiência mais profunda para todos os envolvidos.

Suas atribuições no novo emprego eram as ideais, assim como as condições de trabalho. O serviço exigia que Kelly desempenhasse uma série de funções: a tarefa enxuga-gelo de administradora de comunidades, atraindo novos colaboradores (enquanto se livrava de ocasionais trolls ou de reclamações exageradamente negativas); gerente de desenvolvimento de negócios, à procura de novos anunciantes; e de produtora de eventos várias noites por semana. Desempenhar todas essas tarefas em alto nível, como ela se propunha, exigia muitíssimo tempo — oitenta horas por semana no início, contou ela —, mas, como a empresa não tinha escritório em Austin, Kelly podia trabalhar em casa ou onde quisesse. Suas atribuições eram claras, e ela podia cumpri-las da maneira que achasse melhor. A vantagem inesperada desse acerto foi que, quanto mais ela fazia seu trabalho, mais fácil tudo se tornava, exigindo menos tempo e rendendo o mesmo salário.

A Yelp incentiva seus administradores de comunidades a se tornarem "prefeitos honorários" das cidades pelas quais são responsáveis. Nos dois primeiros anos no emprego, Kelly trabalhava o tempo todo, reunindo-se com centenas de proprietários de estabelecimentos e organizando inúmeras festas e eventos. Toda essa rede de contatos rendeu suas vantagens. Ao fim de nossa conversa de uma hora, Kelly deixou escapar que tinha "alguns outros trabalhos" simultâneos. Fiquei me perguntando como isso era possível. Eu achava que seu trabalho principal era de tempo integral.

O emprego na Yelp era mesmo de tempo integral e pagava um bom salário, mas depois de dominá-lo ela quis tentar outras coisas também. Tornou-se DJ numa emissora de rádio em algumas manhãs durante a semana. Usando a aptidão que tinha aperfeiçoado como apresentadora de eventos, ela conseguiu uma atividade paralela numa cadeia regional de salas de cinema, apresentando shows de música com participação do público. Começou a escrever uma coluna para uma publicação semanal alternativa. Como ela encontrava tempo para tudo? A resposta é comum entre pessoas que fazem o que gostam: "A questão não é como encontrar tempo, e sim *por que* encontrar tempo. Você sempre acha tempo se tiver um bom motivo".

Ela se dedicou a todas essas atividades porque preenchiam diferentes necessidades suas. E se transformou de fato em prefeita honorária graças a seus esforços incansáveis pela cidade, e isso era bom para a Yelp. Ah, sim, e também era bom para ela, não só para seu empregador.

Kelly adora seu trabalho, mas também construiu uma marca para si. Ela não era *apenas* uma grande administradora de comunidades; a soma das partes era maior que todas as partes por si mesmas.

Jogue fora o roteiro para mudar a escolha padrão

Alternar trabalhos e tocar diversos projetos ao mesmo tempo pode exigir muita autodisciplina. Reduzindo as opções e tomando decisões antecipadas, você pode se preparar melhor para o sucesso.

A economia comportamental emprega esse método o tempo todo. Exemplo disso é um mecanismo simples usado para incentivar pessoas a poupar mais para a aposentadoria. Tudo tem a ver com o modo como se estabelece um novo plano de previdência. Se o plano determina que a contribuição mensal seja deduzida do salário (procedimento conhecido como "opt-out"), a contribuição provavelmente vai ser maior. Se a pessoa precisar fazer os depósitos por iniciativa própria ("opt-in"), a percentagem desaba.

Aplicando esse modo de pensar a sua vida e a sua carreira, você pode se obrigar a fazer escolhas mais positivas adotando mais comportamentos "opt-out", fazendo da decisão mais vantajosa ou conveniente a escolha padrão.

Meu velho amigo J. D. Roth me ensinou a usar os conceitos de "barreira" e "pré-compromisso". "Barreira" é algo que desencoraja certo comportamento, seja positivo ou negativo. J. D., por exemplo, gosta de andar de bicicleta, mas mudou-se para um novo apartamento e precisou guardar a sua na garagem, presa a um rack na traseira de seu carro. Era um problema chegar até ela. Não era um problema incontornável, mas o pequeno inconveniente criou uma barreira.

Por outro lado, podemos tirar proveito das barreiras. J. D. sabe que tem um fraco por doces e sorvete. Se houver doces em casa, ele começa a comer e não para. Assim, quando quer entrar em forma (além de pegar a bicicleta na garagem com maior frequência), ele cria uma "barreira para doces e sorvetes" simplesmente não tendo esses alimentos em casa. De vez em quando ainda compra um docinho, mas só quando está na rua e um de cada vez.

O "pré-compromisso" é a extensão lógica da barreira. Com o pré-compromisso, você cria as condições para fazer acontecer o comportamento ou resultado desejado. Quer se exercitar amanhã de manhã? Pegue as roupas de ginástica e deixe-as ao lado da cama hoje à noite. Precisa terminar aquele projeto de trabalho de manhã bem cedo? Deixe todos os arquivos abertos em seu computador e se desconecte de todas as redes sociais e de outras distrações que fazem você perder tempo.[*]

---

[*] Desconectar-se das redes sociais é uma boa maneira de vencer o obstáculo da procrastinação, principalmente se você for como eu e nunca conseguir lembrar suas senhas.

O QUADRO DO PROJETO EM TRÊS NÍVEIS

Em 1953, a Toyota começou a usar um sistema simplificado de acompanhamento para avaliar o desempenho da empresa na produção de carros e outros projetos. Quase todos os sistemas de controle de projetos são complicadíssimos, com centenas de itens e uma enorme quantidade de dados distribuídos em diversas linhas do tempo.

É por isso que o método *kanban*, como passou a ser chamado, impressionou pela simplicidade. Os funcionários da empresa tinham de estar atentos a apenas três níveis: atual, em processo e completo.

Atual: aquilo em que você está trabalhando agora
Em processo: o que está por fazer
Completo: o que você já concluiu

Se você executa diversos trabalhos ao mesmo tempo, pode usar essa técnica simples para acompanhar seus diversos projetos. Em alguns casos, os funcionários da Toyota eram proibidos de trabalhar em mais de uma tarefa por vez, e o quadro do *kanban* servia como lembrete para que cada qual se ativesse a sua tarefa. Existem até quadros digitais de *kanban* (a ferramenta é usada no desenvolvimento de software e outras áreas), mas você mesmo pode fazer o seu, para o escritório ou quarto, usando um simples quadro branco. Como mostra a imagem, é possível simplificar ainda mais a terminologia:

Uma dica: não acumule muita coisa na coluna "Atual" ou "Fazendo". A coluna "Em processo" ou "Por fazer" pode conter certo número de entradas, mas, como você só consegue trabalhar em algumas coisas por vez, resista à tentação de enchê-la de projetos ou tarefas.

Você pode estar se perguntando: para que preciso de uma coluna "Completo" ou "Feito"? Na verdade, não tenho certeza sobre o que a Toyota tinha em mente na época, mas adoro poder ver o que *terminei* e não só o que me resta fazer. Por algum motivo, isso me leva a continuar trabalhando nos demais projetos.

A vida multipotente: modelos de trabalho para os que se recusam a escolher

Será que você é multipotente? Como define Emilie Wapnick, uma jovem escritora e pesquisadora, multipotente é a pessoa que tem diversas potencialidades e não se satisfaz com uma única carreira. O princípio em que se baseia o conceito de Emilie é que ser multipotente exige variedade. Não se trata apenas de gostar. Se você for multipotente, ficará muito frustrado se for obrigado a fazer uma coisa só.

O modelo da multipotencialidade não se resume a "faça tudo aquilo de que gosta", porque isso também pode ser frustrante. Se você está sempre à procura de uma porção de atividades diferentes, pode acabar nunca fazendo progresso em nenhuma delas. É por isso que Emilie sugere a busca de um modelo de trabalho para sua vida multipotente.

Modelo nº 1: Uma função para disciplinar as demais

Como vimos ao longo deste livro, algumas pessoas são capazes de se dedicar a diversos interesses e ainda assim organizá-los dentro de um único contexto. Emilie define isso como "método do guarda-

-chuva", conceito segundo o qual as tarefas e funções podem ser diferentes, mas correspondem às mesmas aptidões e interesses. Exemplo disso seria um arquiteto que tem um emprego de subsistência, trabalha também na decoração de imóveis para alugar e ainda dá aulas uma noite por semana numa faculdade próxima.

Modelo nº 2: Dois ou mais empregos, com uma separação clara

Conheci uma policial que é instrutora de ioga aos sábados. Ela mantém uma separação clara entre as duas funções, que não têm uma coincidência lógica e exigem aptidões bem diferentes. Todas as semanas ela trabalha nas duas coisas (na polícia em tempo integral, e na ioga, como atividade complementar) e não pretende abandonar nenhuma das duas. Esses trabalhos são independentes e raramente, ou talvez nunca, interagem.

Modelo nº 3: Um emprego sustenta seus reais interesses

Já ouviu falar de Albert Einstein, o famoso funcionário do departamento de patentes? Provavelmente não — pelo menos não dessa maneira. Mas era isso o que ele fazia — trabalhava quarenta horas por semana num tedioso emprego público na Suíça — quando formulou a teoria da relatividade. Continuou no emprego durante anos, até por fim conseguir um cargo de tempo integral numa universidade.

Algumas pessoas têm interesses que podem não gerar ganhos financeiros imediatos. Nesses casos, podem achar que o melhor é ganhar a vida em outra coisa, reservando tempo e energia extra para correr atrás daquilo que *realmente* amam.

Para Einstein, o emprego no departamento de patentes vinha a calhar. Embora não fosse nenhuma aventura emocionante, servia para pagar as contas e sustentar a atividade que lhe interessava — sabe como é, aquela história de relatividade.

Modelo n° 4: Para tudo existe um tempo

Este modelo serve para pessoas que são boas em mergulhar de cabeça em alguma coisa, mas não para sempre. Talvez um emprego de meio período só durante o verão, ou quem sabe um trabalho como freelance com data certa para terminar. Emilie define essas pessoas como "carreiristas seriais" e observa que normalmente elas começam a buscar seu próximo trabalho quando ainda estão finalizando o anterior.

Mesmo para as pessoas que trabalham em coisas diversas e anseiam pela variedade, ter alguma estrutura sempre ajuda a manter os pés no chão. Escolha o modelo que funciona melhor para você.

FAZER MAIS DE UMA COISA: A MENTALIDADE RENASCENTISTA

Emilie Wapnick, mencionada na página 249, concordou generosamente em partilhar conosco um exercício com clientes que estão tentando construir uma carreira diversificada e multipotente. Responder às perguntas seguintes não levará muito tempo e pode ajudar você a encontrar uma direção que ainda não levou em conta.

Passo 1: Crie sua lista de prioridades

Faça uma lista de todas as suas paixões e interesses, no passado e no presente. Destaque as que realmente falam ao seu coração neste momento.

Passo 2: Tente o método do elemento comum

Para cada item destacado, responda às seguintes perguntas:
- O que atrai você nesta área?
- Você vê alguma coisa em comum entre suas respostas?

Depois responda a mais estas perguntas:

- Quais são os valores mais importantes para você?
- Existe alguma filosofia segundo a qual você viva?
- Por que você acha que faz todas as coisas que faz?
- Você pode identificar alguma motivação ou força motriz escondida por trás de suas escolhas?

Passo 3: Tente combinar dois interesses não relacionados

Existe algum conhecimento relacionado a uma área de interesse que pode ser útil a um público atraído por outro de seus interesses?

Combine aleatoriamente os itens de sua lista, preenchendo os espaços:

_____ para _____

(interesse nº 1)   (público relacionado ao interesse nº 2)

Você pode acabar deparando com algumas frases absurdas (como "mergulho para executivos" ou talvez "acrobacias para cães"), mas persista. Às vezes, os pares mais estranhos acabam gerando as mais lucrativas ideias de negócio (embora entre elas talvez não esteja o mergulho para cachorros).

Uma chef certa vez me disse que tinha estreitado tanto sua área de atuação que se limitou à cozinha vegana crua, especializada em abacate e chia. Algumas pessoas nascem assim — e pode haver muito mérito em se tornar o maior especialista do mundo em [sua preferência de tópico]. Se você for assim, e tiver decidido aderir a apenas um modo de vida, muito bem. Isso é ótimo. Mas, quanto a todos os demais que ainda estão em dúvida, saibam que há uma outra maneira. Você *não precisa* escolher um nicho. Provavelmente tem mais de um interesse, e isso é o que faz de você alguém interessante.

Buscar uma carreira diversificada (ou mais de uma carreira) pode exigir mais esforço do que buscar uma única área de interesse. Você pode achar, no entanto, que a recompensa vale o esforço. Por que não fazer de tudo — ou pelo menos algumas coisas — e bem?

Você pode organizar sua vida em torno de todos os seus interesses, e não precisa se contentar com menos.

"O emprego dos sonhos não precisa ser para a vida inteira. É seu desejo naquele instante, e pode mudar com o tempo, à medida que você muda. O segredo é estar em sintonia com seus sonhos, prestando atenção à sua intuição e ao que o seu coração diz."

Samantha, 40 anos, empreendedora e coach

CAPÍTULO 13

Os vencedores desistem o tempo todo

OBJETIVO: Procurar as oportunidades certas (e dar adeus às erradas)

> *"Nunca desista" é um péssimo conselho. Os vencedores de verdade não hesitariam em pular fora de um empreendimento malsucedido. Domine a arte de ir em frente aprendendo quando sair e quando ficar.*

Já ouviu falar sobre o atleta que enfrenta obstáculo após obstáculo, se nega a desistir e finalmente supera todas as dificuldades e ganha a medalha de ouro? Daria um ótimo filme, mas, na verdade, a maior parte das pessoas que tenta se tornar atleta profissional fracassa. A conta é simples: para que alguém ganhe, muitos outros devem perder. Por sorte, quando se trata de encontrar o trabalho para o qual você nasceu, em geral não é preciso competir com milhares de outras pessoas. E, se alguma coisa não estiver dando certo, você não precisa insistir. Na verdade, não deve fazer isso. Os vencedores de verdade desistem o tempo todo.

Lewis Howes era um desses raros atletas que tinha chance mesmo de "estourar". Um dos melhores do país em dois esportes, jogou como profissional numa liga de futebol americano de arena e foi selecionado para a equipe olímpica americana de handebol. Infelizmente, o destino interveio e acabou com os dois sonhos. Primeiro, ele se machucou jogando futebol, e depois a equipe de handebol foi desclassificada numa eliminatória decisiva.

Durante a maior parte de sua juventude, Lewis não quis ser nada além de atleta de alto rendimento. Entregou-se plenamente a essa causa, mudando de faculdade uma porção de vezes em busca de melhores oportunidades de jogar, gastando seus últimos centavos em suplementos proteicos e exibindo sua destreza aos técnicos da NFL em cada oportunidade. Mas agora as portas estavam se fechando — e, por mais que ele desse duro, as possibilidades de voltar à forma física e à excelência dos anos anteriores eram mínimas.

Quando Lewis caiu, caiu feio. Sem um plano de contingência, acabou dormindo no sofá da casa da irmã, com um braço engessado, aceitando todo tipo de trabalho para pagar as dívidas acumuladas no cartão de crédito. Isso não tinha nada da vida com que ele sonhara na infância.

Mas então ele percebeu que podia ter outro sonho. Em poucos anos, Lewis virou sua vida de cabeça para baixo. Desistiu de se tornar atleta profissional e começou a trilhar outro caminho — uma porção de caminhos, na verdade. Tornou-se empreendedor e consultor, abriu várias pequenas empresas e ajudou escritores a ter sucesso fazendo grandes lançamentos de livros. Criou também um podcast, The School of Greatness, que reunia lições de sucesso de CEOs, celebridades e atletas profissionais — o mesmo tipo de pessoa que Lewis de início queria ser. O podcast fez grande sucesso, chegou a milhões de downloads, e Lewis produziu centenas de episódios.

Hoje Lewis se sente um afortunado. Depois de se entregar por completo a uma coisa que não deu certo, em vez de se amargurar e ficar preso ao sofá da irmã, ele encontrou a forma de redirecionar suas energias para uma série diferente de objetivos de alto desempenho.

Nem todos os que se encontram na situação de Lewis têm tanta sorte. Muita gente "tenta e volta a tentar" sem nunca obter uma grande vitória, jamais conseguindo se reerguer. Às vezes, mesmo os que chegam lá acabam sofrendo depois com uma espécie de segundo ato sem relevância. O verdadeiro segredo está em saber que o abandono seletivo é uma prática poderosa — você só precisa saber quando desistir e quando continuar.

O perigo de enlouquecer

Você deve conhecer o velho adágio, às vezes atribuído a Albert Einstein: "A definição de insanidade é fazer sempre a mesma coisa e esperar resultados diferentes".

Einstein tinha razão ao afirmar que normalmente o perigo real de enlouquecer, ou de falhar repetidas vezes, não decorre de fazer alguma coisa nova. É mais provável que os piores fracassos derivem de alguma coisa à qual nos dedicamos por um bom tempo. A maior parte das pessoas tem inteligência suficiente para perceber que, se tentar alguma coisa nova que não funciona, não dá para ficar se repetindo e esperar resultados diferentes. Podemos até tentar mais uma vez, porém o mais comum é trocar de tática. Até mesmo cobaias num labirinto se adaptam e aprendem a tentar diferentes soluções depois de chegar algumas vezes a um ponto sem saída.

O maior problema ocorre quando nos tornamos condicionados ao sucesso segundo um certo método ou plano de ação. Quando alguma coisa dá certo durante algum tempo e depois para de funcionar, é mais difícil mudar. As pessoas não continuam insistindo toda a vida na mesma coisa por serem estúpidas, ou por não conhecer nada melhor. É porque gostamos do que é conhecido, e mudar é difícil.

"Por que não está dando certo?", nos perguntamos. "Deu certo mais de mil vezes. Talvez funcione se eu tentar só mais uma vez."

Será que devemos nos levantar e tentar outra vez? Talvez. Mas, como estaremos correndo o risco de repetir erros ao insistir num método que deu certo até um momento, talvez seja melhor começar a tentar de um jeito diferente.

Vejamos um outro atleta, que foi muito mais longe que Lewis Howes. Já ouviu falar em Michael Jordan, o famoso jogador de beisebol? Não, não é um erro de digitação. Durante muitos anos, Michael

Jordan foi uma das pessoas mais conhecidas do mundo. Ficou famoso por ter levado seu time de basquete, o Chicago Bulls, a vencer seis campeonatos nacionais e a quebrar praticamente todos os recordes da liga. Em 1993, o anúncio de sua aposentadoria precoce foi manchete no mundo inteiro.

Apesar de ser tão famoso, Michael Jordan tinha um lado quase desconhecido: ele adorava beisebol, esporte que praticava na infância e que continuou jogando mesmo depois de ganhar fama nas quadras.

Meses depois de ter abandonado o basquete, Jordan assinou um contrato com o Chicago White Sox. Foi designado para um time de uma divisão inferior e participou disciplinadamente da pré-temporada. Como não seria de surpreender, já que na elite do esporte os dotes atléticos não se transferem de um esporte a outro, seu talento na quadra de basquete não se transmitiu ao campo de beisebol. Na verdade, é surpreendente que tenha chegado aonde chegou — rebateu alguns *home runs* e marcou uma respeitável estatística de rebatida de .252 em uma de suas duas temporadas —, mas isso não era o bastante. Considerado o maior jogador de basquete de todos os tempos, Jordan teve dificuldade para se adaptar à física de outro esporte. Então, em vez de continuar na luta, ele desistiu.

Jordan voltou ao basquete, o esporte para o qual tinha nascido, e fez 55 pontos num único jogo logo nas primeiras semanas de atividade. Nas temporadas seguintes, ganhou mais três campeonatos seguidos.

Quando desistir e quando continuar

Nenhum treinador sensato teria aconselhado Michael Jordan a continuar jogando beisebol, um esporte no qual ele não era tão bom. O melhor caminho era óbvio: ele deveria voltar ao basquete! Quando fez isso, continuou sendo o excelente jogador de antes, dominando a NBA por muitos anos.

As grandes decisões que tomamos no âmbito profissional podem ter tanta importância para nossa vida quanto a de voltar ao basquete teve para Jordan. Saber quando desistir e quando continuar nos parece às vezes um superpoder inatingível — mas vejamos três estratégias claras que podemos usar com proveito.

1. Se não houver muita coisa em jogo, mude ou desista rapidamente

Já contei neste livro que mudei minha área de formação na universidade de contabilidade para sociologia. Tomei essa decisão bem depressa, e não totalmente ao acaso: não levei muito tempo para descobrir que não era bom em contabilidade. Se não tivesse abandonado, poderia não conseguir ser aprovado. Na verdade, a mudança de rumo depois de um ou dois semestres não atrasou minha formação. Eu não tive apenas aulas de contabilidade durante esse período, cursei também disciplinas de interesse geral que seriam necessárias para qualquer carreira, de modo que, quando passei para sociologia, não fiquei muito para trás em meus pré-requisitos.

Na verdade, acho que mudar de curso me fez avançar e não retroceder. Se tivesse continuado na contabilidade durante mais tempo, teria tido muito mais disciplinas para pôr em dia em minha nova habilitação e provavelmente teria tido mais dificuldade para seguir nos estudos. Além do mais, quem quer ser o universitário que muda de curso uma dúzia de vezes? Ninguém quer pular de departamento em departamento e chegar ao terceiro ano de faculdade ainda sem um foco. É muito mais inteligente mudar mais cedo, quando muito menos coisas estão em jogo.

Mudar de curso durante o primeiro ano — pouca coisa está em jogo
Mudar de curso um semestre antes da formatura — muita coisa em jogo

O mesmo tipo de análise se aplica a decisões de todo tipo. Não perca tempo com coisas insignificantes e, quando não houver muita coisa em jogo, mude sem demora.

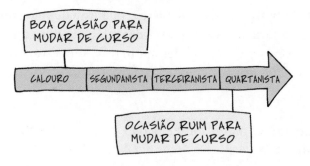

2. Combata o medo do fracasso

Há uma historinha que se conta o tempo todo, seja em sermões ou palestras motivacionais no mundo inteiro. Chama-se "a um metro do ouro", e foi popularizada pelo citadíssimo livro de Dale Carnegie *Pense e enriqueça*. A versão mais curta do caso conta que um garimpeiro, na época da corrida do ouro na Califórnia, tenta, tenta e tenta encontrar ouro, mas sempre se frustra. Por fim, desiste, vende suas ferramentas a alguém que encara o esforço com mais seriedade e rapidamente encontra ouro — a apenas um metro de distância de onde o primeiro estivera cavando. A lição é clara: bastava que o primeiro garimpeiro tivesse persistido para encontrar o ouro, mas ele desistiu cedo demais.

É uma boa história, mas por causa dela muita gente permanece presa a situações que nunca vão compensar o esforço investido. Nada garantia que o primeiro garimpeiro iria encontrar o ouro no dia seguinte, ou mesmo na década seguinte. Tão provável quanto isso, ou talvez mais provável, seria que ele continuasse a trabalhar em vão. Enquanto isso, outras portas poderiam estar se fechando e outras oportunidades se perdendo. Da mesma forma que nunca saberemos o que teria acontecido em nosso metafórico "caminho não tomado", também não saberemos o que o garimpeiro ganharia se desistisse e fizesse outra coisa.

Talvez com o dinheiro da venda de suas ferramentas ele tenha comprado uma fazenda de gado nas proximidades e ganhado muito dinheiro. Ou talvez não — nunca saberemos. A questão é que talvez ele tenha se saído muito melhor em outra coisa.

Esses casos e esse modo de pensar não são culpa apenas de Dale Carnegie — estão diretamente relacionados ao medo do fracasso. Mas, se por um lado o medo do fracasso é uma emoção muito natural e humana, pode ser também perigoso, por impedir a desistência quando já passou da hora. Afinal, se você quiser ter sucesso, não pode passar a vida como refém do medo.

3. Ignore "custos irrecuperáveis" sempre que possível

Ainda que você não seja um garimpeiro de ouro no Velho Oeste, é bem provável que tenha de comprar mantimentos de vez em quando. Imagine a seguinte situação: é um dia em que o mercado está cheio, talvez logo depois do trabalho ou antes de um feriado prolongado, e todo mundo está em busca de suprimentos. Os caixas estão sobrecarregados, e há filas de carrinhos lotados de bananas, cervejas e batatas fritas. De repente, chega o momento de uma decisão. Você estava esperando sua vez educadamente na fila, e de repente outro caixa é aberto. Que fazer? Você já esperou nessa fila durante vinte minutos... talvez deva continuar onde está.

Enquanto isso, o cara que está atrás de você e passou apenas *dois* minutos na fila resolve agir. Dá uma olhada rápida e segue em frente, enquanto você ainda tem três carrinhos monstruosos a sua frente. Você hesitou na hora de decidir mudar de fila (eu também fiz isso muitas vezes) porque levou em conta o tempo que tinha passado esperando, gerando um falso compromisso com a situação existente quando uma opção mais conveniente apareceu.

Não importa quanto tempo, dinheiro ou outro recurso você tenha investido em alguma coisa. Da próxima vez que estiver no mercado e um caixa vazio for aberto, vá para lá.

4. Use as respostas a duas perguntas para orientar suas decisões

Quando muita coisa está em jogo e você precisa decidir se desiste de um projeto ou de uma atividade, faça a si mesmo duas perguntas básicas:

1. Está dando certo?
2. Você ainda gosta disso?

Não é preciso pensar demais nas perguntas, nem dourar a pílula quanto às respostas. Você será muito mais bem-sucedido no longo prazo se encarar cada uma delas com sinceridade. Se alguma coisa está ou não dando certo é uma pergunta objetiva, e se você ainda gosta disso é mais para intuitiva. Se não tiver certeza de imediato quanto à segunda resposta, imagine passar um dia sem trabalhar e sem pensar no trabalho. Como você se sentiria?

Quando as duas respostas coincidirem, sejam elas sim ou não, a decisão sobre desistir ou continuar fica óbvia.

O verdadeiro desafio se apresenta quando as duas respostas são diferentes. Quando isso acontecer, você vai precisar explorar seu trabalho um pouco mais a fundo. Digamos que apareça uma oportunidade de negócio que dá dinheiro, mas não lhe dá prazer. Ou o contrário — você vem trabalhando há algum tempo numa coisa, ainda gosta dela, mas não vê possibilidade de sucesso. Na primeira hipótese, você tem dinheiro, mas não alegria; na segunda, tem alegria, mas não ganha dinheiro.

Nesses dois casos, você pode até continuar até certo ponto satisfeito com o trabalho ou projeto, ou com o curso das coisas durante algum tempo, porém o mais provável é que não tenha nascido para isso — e provavelmente não ficará muito satisfeito nem terá muito sucesso no longo prazo. Se isso acontecer, em geral o melhor é começar a pensar em mudar, mesmo que você persista por algum tempo enquanto prepara a transição.

A MISSÃO DE CINCO ANOS

Daniel Ek, um dos fundadores e CEO do Spotify, se apresenta como missionário. Depois de vender uma empresa por um dinheirão, ele de início "se aposentou" e passou a dedicar-se à vida social. Quando descobriu que carrões e champanhe lhe proporcionavam uma felicidade apenas temporária, desistiu da aposentadoria e fundou um dos maiores serviços de distribuição de música do mundo.

Mas, para evitar o esgotamento que o acometera em seu trabalho anterior, Ek aplicou uma estratégia inteligente — fixou para si mesmo uma "data de vencimento". "Cinco anos é tempo mais que suficiente para realizar uma coisa importante, e me permite mudar de ideia de tempos em tempos", declarou Ek à *New Yorker*. "Estou em meu segundo 'contrato' de cinco anos com o Spotify. Em dois anos, farei o próximo. Vou perguntar a mim mesmo se ainda gosto do que estou fazendo. Isso não é lá muito comum, mas me dá clareza e um objetivo."

O ciclo de missões de cinco anos de Ek é um exemplo clássico de recomeço em série, mas com uma data final específica decidida com antecedência. É claro que o prazo limita as opções, mas também proporciona um sentimento de urgência. Se você soubesse que tem apenas dois anos para concluir uma missão antes de deixá-la, em que mudaria sua estratégia?

Desintoxique sua vida: faça uma lista de coisas que deve abandonar

Todos nós temos maus hábitos que gostaríamos de abandonar. Seja cafeína, açúcar, programas bobos de TV ou qualquer outra coisa — se você já tentou abandonar algo, sabe que não é fácil. De repente, você sente uma compulsão por cupcakes de frutas vermelhas, ou por um café duplo com menta, embora nunca tenha dado bola para nada disso.

Mas há outro tipo de desintoxicação, muito mais fácil. Se você trabalha com outras pessoas em alguma medida, pode de vez em quando incorrer em maus hábitos que prejudicam sua produtividade — comportamentos que, apesar da pouca serventia, tomam um tempo precioso que poderia ser dedicado a coisas mais importantes. Ao abandonar esses maus hábitos, você verá benefícios imediatos e quase nenhuma desvantagem ou compulsão estranha. Vejamos alguns deles.

Abandone o hábito de exercer controle estrito sobre coisas desnecessárias.

Você não precisa ser copiado em todos os e-mails, ou informado de todas as decisões. Se as coisas estiverem acontecendo da maneira certa, não interrompa o fluxo. E, se não estiverem, será que você vai resolver tudo lendo duzentas mensagens a mais todos os dias?

Abandone o desejo de construir uma imagem sem fazer nada de importante.

Ser alguém bem visto aos olhos dos colegas é um objetivo aceitável, mas você vai parecer ainda melhor se fizer progressos reais em objetivos coletivos. Antes de mandar um e-mail, ou assumir uma tarefa ou projeto que pode ser desnecessário, pergunte-se: "Isso tem importância?".

Abandone o sonho impossível de ser sempre o melhor em tudo.

Se você tentar fazer de tudo, fatalmente ficará para trás. Defina bem sua função, seja como parte de uma empresa ou da humanidade em geral, e assuma as responsabilidades correspondentes. Não se preocupe com o resto; se estiver fazendo bem o seu trabalho, é bem possível que não consiga mesmo acompanhar tudo, e isso é bom.

Essas são apenas umas poucas ideias sobre maus hábitos de trabalho que devem ser abandonados. Faça sua própria lista e abandone algum ainda hoje.

Crie segurança para poder desistir (sem ir à falência)

Uma poupança para emergências proporciona segurança em caso de perda de ativos, seja pelo desemprego, como consequência de um desastre natural ou apenas uma máquina de lavar quebrada. Mas, como expliquei antes, seus relacionamentos são sempre seu maior patrimônio. Sendo assim, por que tão pouca gente tem uma conta de poupança para os relacionamentos?

A rede social LinkedIn é um exemplo interessante para pensar sobre isso. Se você já teve um perfil no LinkedIn, provavelmente deu vários detalhes sobre sua formação, trabalhos e competências. Então foi em frente, fazendo "contatos" com pessoas conhecidas, em geral com base em sua agenda de endereços de e-mail ou diretório da empresa. (Lembre-se: em qualquer rede social, evite a tentação de pensar nas pessoas de modo abstrato; elas não são apenas fãs ou "seguidores".)

Se você usa o LinkedIn ou qualquer outro similar há tempos, cada vez que entrar no site vai acumular atualizações de seus contatos, e pode começar a receber cada vez mais convites para se conectar com outras pessoas. Trata-se na prática de uma central de relacionamento, da mesma forma que uma lista de tarefas é uma central que serve para controlar suas obrigações e a agenda é uma central de acompanhamento de compromissos.

Você pode usar essa central (ou qualquer outra, se não gostar do LinkedIn) para criar uma "conta de poupança de relacionamentos" que vai ajudá-lo a ficar mais à vontade quando fizer uma grande transição ou desistir de alguma coisa, porque vai se sentir mais seguro sabendo que há pessoas dispostas a ajudar num período de incerteza. Não se trata de reunir a maior coleção de cartões de visita do mundo; trata-se de construir relacionamentos autênticos e guardá-los no banco para o tempo das vacas magras. E não espere que as dificuldades cheguem para começar a ampliar sua conta de poupança de relacionamentos, porque então será tarde. Comece agora.

Vejamos o que pode ser feito desde já:

- Acrescente como contato a sua principal rede social de trabalho qualquer pessoa que você tenha conhecido recentemente;
- Pergunte a seus colegas sobre o que estão fazendo e se você pode ajudá-los de alguma forma;
- Seja proativo e ofereça a seus contatos algo específico, seja informando sobre uma oportunidade de emprego, seja apresentando-os a mais alguém de sua rede de contatos, ou mesmo enviando-lhes um exemplar de um livro que você achou interessante;
- Pratique uma boa ação ao acaso.

Da mesma forma que sua conta poupança ou seu plano de previdência privada cresce com o tempo e depósitos periódicos, sua conta de relacionamentos também crescerá com investimentos regulares.

Se você perder 100% dos lances, caia fora do jogo

Todo livro de sucesso tem um capítulo sobre pessoas que superaram dificuldades sem nunca desistir, até conseguirem realizar seus sonhos. Você já ouviu isso uma porção de vezes: o escritor mundialmente famoso que foi rejeitado por cem editoras antes de ser aceito e acabar ganhando o prêmio Nobel de literatura; o inventor cujas mil invenções ficaram na estante até que ele fez sucesso com alguma inovação revolucionária e assim por diante.

"Você vai perder 100% dos lances em que não tentar fazer o gol" é uma frase motivacional atribuída à lenda do hóquei Wayne Gretzky, sempre lembrada para reafirmar esses casos. Em seu sentido literal, ela é verdadeira: se você não lançar o disco na direção do gol, não marca ponto. Mas, se errar todas as tentativas, talvez não devesse tentar sempre o mesmo tipo de lance. E na vida real, assim como no hóquei, a realidade é que você não terá chances infinitas de tentar. O treinador vai colocar você no banco de reservas. Seus companheiros de time vão parar de passar o disco. Eles vão inventar um outro ditado: "Perdemos 100% dos ataques quando passamos para esse cara" — e as oportunidades de pontuar acabam sumindo de seu caminho.

Ao contrário do que se pensa, se você quer ganhar, não deve apenas continuar insistindo. Deve repensar sua posição e tentar alguma coisa diferente. "Os vencedores nunca desistem, e os que desistem nunca vencem" é uma mentira. Para ganhar, às vezes é preciso encontrar uma nova forma de jogar.

APÊNDICE 1

Caixa de ferramentas

Ao longo deste livro, examinamos numerosos princípios e estratégias. Aqui temos um resumo de muitos deles.

1. Existe sempre mais de um caminho possível. Use o modelo Alegria-Dinheiro-Fluxo para encontrar o melhor

Há muitas coisas que você poderia fazer de sua carreira, mas as pessoas de maior sucesso encontraram a combinação perfeita de alegria, dinheiro e fluxo. Elas ganharam na loteria da carreira — e não precisam escolher entre ter dinheiro e aproveitar a vida. Acima de tudo, encontrar o trabalho feito para você deve ser o objetivo número um de sua carreira.

2. Faça planos de contingência. Eles lhe permitirão correr mais riscos e fazer escolhas melhores

Não há demérito algum em ter um plano B, ou planos de C a Z. Utilize o método "se isto, então aquilo" e faça um plano de contingência para cada opção profissional, e depois faça um plano de contingência para o plano de contingência. Se uma estratégia não der certo, ponha em prática a seguinte.

3. Comprometa-se a pedir demissão do emprego todos os anos

Uma vez por ano, na ocasião que você escolher, obrigue-se a sair do emprego *a menos que permanecer nele seja a melhor opção naquele momento*. Se for, ótimo — você pode ir em frente, sabendo que está no caminho certo. Caso contrário, comece de imediato a procurar outra coisa.

4. Aperfeiçoar suas "técnicas flexíveis" pode aumentar seu valor, qualquer que seja sua profissão

Técnicas rígidas são aquelas que você adquire por meio de formação técnica ou acadêmica: fazer plantas de edifícios usando determinado software, ministrar medicação aos pacientes no caso de uma enfermeira, e assim por diante. As técnicas flexíveis são igualmente importantes — talvez mais —, porém em geral não são ensinadas nas escolas. Para ser mais eficiente (e aumentar seu valor), reserve algum tempo para aperfeiçoar a capacidade de escrever, negociar, gerenciar conflitos e dar sequência ao que começa.

5. Pare de armazenar coisas na cabeça

Sua cabeça não é uma boa biblioteca. Anote sempre suas tarefas, seus próximos passos e ideias. Se estiver à procura de uma grande ideia de negócio, anote tudo o que souber a respeito de um determinado tema sobre o qual possam lhe perguntar. Avance passo a passo e comunique tudo o que facilitar as coisas para você. Então, uma vez que estiver fora de sua cabeça, veja o que pode fazer com isso.

6. Escolha o nome de seu cargo

Escolha o nome que quiser, não um nome já existente. Faça uma descrição do cargo, com suas futuras especialidades e responsabilidades. Determine o que precisa para conseguir a função, depois faça o trabalho inverso a partir do objetivo.

7. Adapte seu emprego de modo a criar as melhores condições de trabalho possíveis

Se você trabalha para uma empresa, assegure-se de melhorar os resultados dela e de se tornar indispensável. Quando chegar o momento certo, pense em tirar um período sabático interno ou externo para se recompor e melhorar suas competências.

8. Tenha uma atividade paralela mesmo que nunca tenha pensado em trabalhar por conta própria em tempo integral

Atividades paralelas proporcionam segurança, e ninguém deveria depender de uma única fonte de ingressos. Use o plano "Dezenove Dias para uma Atividade" (ver página 146) e gere uma nova fonte de renda. Caso conheça bem o que está fazendo, use o "produto de 24 horas" (ver página 150) para finalizar ainda mais rápido.

9. Não tenha medo de assumir compromissos

Cometer erros é normal — como é normal mudar de rumo para corrigi-los —, mas algum dia você vai ter de escolher. Não precisa ter medo de cometer um erro, ou mesmo muitos erros. Todo mundo erra, e o importante é se recuperar. No entanto, o ideal é que errando e aprendendo você se aproxime do trabalho para o qual nasceu. E, quanto mais perto chegar, mais seletivo deve ser.

10. Se alguma coisa não estiver dando certo, desista

Claro, você não marca pontos se não finalizar para o gol, mas talvez não devesse tentar finalizar tantas jogadas. Porque, se desperdiçar um ataque atrás do outro, vai acabar ficando no banco e não voltará a ter as mesmas oportunidades. Não se limite a tentar e tentar de novo. Em outras palavras, tente alguma coisa diferente. "Os vencedores nunca desistem" é outra suposição equivocada. Os vencedores de verdade desistem o tempo todo... às vezes pouco antes de ganhar na loteria.

APÊNDICE 2

"É assim que vou fazer vocês ganharem muito dinheiro" (e-mail de prospecção)

e-mail de prospecção de Vanessa Van Edwards

No capítulo 3, contei a história de Vanessa Van Edwards, que fez um contato de prospecção com a CreativeLive, uma empresa de cursos pela internet. Vanessa poderia ter tentado o contato com uma recomendação, mas preferiu uma abordagem aparentemente arriscada: escrever ao e-mail de suporte do site.

Imagino que você queira saber como foi que ela apresentou sua proposta. Você poderia fazer uma coisa assim, à sua maneira?

A mensagem abaixo é exatamente a que ela mandou.

Assunto: É assim que pretendo fazer a CreativeLive ganhar muito dinheiro

Prezada equipe da CreativeLive,

Sou grande fã de sua plataforma e quero ajudar a criar seu próximo curso de sucesso. Sou pesquisadora comportamental e escritora especializada em detecção de mentiras e linguagem corporal.

Escrevo para o *Huffington Post* e dou cursos e seminários sobre linguagem corporal, à distância e presenciais, para plateias do mundo todo.

Adoraria criar um curso sobre detecção de mentiras e linguagem corporal para a CreativeLive. Já ganhei mais de 20 mil dólares em vendas de cursos pela Udemy nos três primeiros meses, sem nenhuma publicidade. É um assunto que as pessoas adoram, e eu adoro dar aulas sobre ele.

Acho que a CreativeLive seria uma ótima plataforma para esse curso. Por favor, informem se estariam dispostos a me incluir em sua equipe sobre o tema. Ficaria feliz em me submeter a um rigoroso teste, a fazer mágica e mover montanhas para ensinar na CreativeLive.

Em anexo, uma proposta para análise.

Saudações,

Vanessa

P. S. Em minha proposta incluí depoimentos, resumo de cursos e um slide intitulado "Por que este curso vai vender" como parte de minha estratégia de marketing para vocês.

Valeu a pena? Esta é a observação final de Vanessa: "Dar o curso na CreativeLive acabou sendo um dos melhores momentos da minha vida. Lembro-me de ter acordado no terceiro dia de gravação pensando que tinha o melhor trabalho do mundo. A aposta compensou plenamente!".

APÊNDICE 3

Nunca perca no jogo da velha (lição bônus!)

Espero que este livro tenha lhe ensinado diversas lições úteis. Mas, se isso não aconteceu, pelo menos você pode aprender a jogar melhor o jogo da velha. Com esta informação, você nunca mais vai perder — vai sempre ganhar ou empatar. Isto é tudo o que você precisa saber:

1 Se for começar, escolha sempre o quadrinho central ou um dos quatro cantos. Nunca marque um quadrinho da lateral, a menos que esteja se defendendo contra uma derrota iminente.

2 Se quem começar for o adversário, responda sempre marcando o quadrinho central (se não tiver sido marcado) ou um canto. Nunca escolha um quadrinho da lateral na primeira jogada.

3 Seja quem for que comece, se seu adversário cometer um erro, você ganha. Mas, se ele jogar bem, vocês empatarão. Seja como for, se você ficar longe dos quadrinhos laterais no início do jogo, e só marcar um deles para se defender ou para ganhar, nunca vai perder.

E, se quiser aprender mais sobre a tática, veja o ótimo guia a seguir.

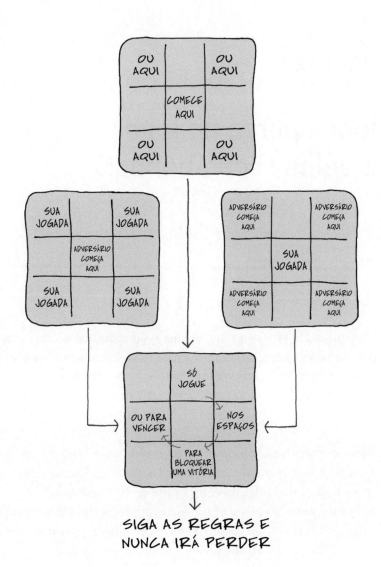

ÍNDICE REMISSIVO

"279 dias para o sucesso instantâneo" (Guillebeau), 218

"a um metro do ouro", 262
Adato, Leon, 197-201, 213
administração, faculdade de, 171-3
Alcatraz, ilha de, 78-9
Alegria-Dinheiro-Fluxo, modelo, 12, 31, 36-7, 40, 46, 115-6, 133-4, 173, 193, 243, 271; alegria, 40-2; análise, 51-2; condições de trabalho, 27, 46, 48-50, 53, 125, 273; dinheiro, 38, 41, 50; fluxo, 11, 42-3; formas de trabalho, 53-5
ambiente social, 46, 48-9
anúncios de emprego on-line, 181
aptidões sociais, 79, 89-90
arte da fuga, 11
artybollocks.com, 184n
atividades paralelas, 11, 45, 71, 116, 127, 129-55, 161, 163, 169, 226n, 273

ativo digital, 11
autonomia, 48-9
ave madrugadora, parábola da, 160

Bacigalupo, Tony, 184
barreiras, 247
Barry, Nathan, 150-2
bombeiros, 177-80, 194
BornforThisBook.com, 108n, 146, 171
Branson, Richard, 27
B-School, 136
Buffett, Warren, 120-1

caixa de entrada, estratégia da, 95-110
Campbell, Harry, 136, 145
Carnegie, Andrew, 123
Carnegie, Dale, 262
carona remunerada, 136, 138, 145
carreira, caminho da, 20-1, 40, 55
carreira, escolhas e opções, 26, 28, 35, 59, 113-28, 235-53; expandir e limitar, 35, 115-7, 122-3, 125-6; menu de, 127-8

carreira, fantasias de, 37

carreira, loteria da, 17-28, 36, 40; *ver também* modelo Alegria-Dinheiro-Fluxo

carreira, seguro de, 71-2

carreiras tradicionais, 53

Carter, Shawn *ver* Jay-Z

chefia, 48

Cokieng, Chiara, 206-8

colaboração, 47, 49

competências tecnológicas, 88, 169-71

consultoria, 53, 135-6

contagem regressiva, 83-4

contas bancárias emocionais, 71

Conte, Jack, 226

contribuição, senso de, 49

Covey, Stephen, 71

Cowen, Tyler, 88

coworking, 48-9, 53

CreativeLive, 67-8, 275-6

currículo do futuro, 124-5

dar sequência e finalizar, capacidade de, 87, 89, 107, 109-10

De volta para o futuro (filmes), 43

declaração do artista, 184-5

demissão, desistência, 63, 76, 90-2, 128, 169, 200, 257-69, 272-4

demonstração de interesse, estratégia da, 186-7

Dezenove Dias para uma Atividade, plano, 146-8, 151, 273

dinheiro: *ver* modelo Alegria-Dinheiro-Fluxo

diversificação, 123

eBay, 142-3

economia compartilhada, 138-41

educação, 34-5, 38-9, 45, 96

Einstein, Albert, 250, 259

Ek, Daniel, 265

empreendedorismo, 38-40, 53, 77-8, 100, 142, 144, 157-74, 200-1, 206-8, 236, 240, 258

empregado de si mesmo, 127, 197-213

emprego, busca de, 180-8

emprego, entrevistas de, 193-4, 244

escrever, aptidão para, 85-6, 165

especialização, 26, 34

Etsy, 134

"faça tudo", teoria, 122-3

"faça uma coisa por vez", teoria, 122-3

Facebook, 143, 160, 162

fãs e apoiadores, 128, 217-31

flexibilidade, 48, 76-7, 139

fluxo *ver* modelo Alegria-Dinheiro-Fluxo

foco, 122-3

"força dos laços fracos", 190-1

Forleo, Marie, 136-7

Friedman, Thomas, 180

Frost, Robert, 21

Fugate, David, 191

Gadulet, Devin, 235-9, 242

Gadulet, Morgana Rae, 237-8

Gates, Bill, 120

Google, 171, 211

"grana extra", o dia da, 153-4

Gretzky, Wayne, 269

habilidades, 75-92, 98, 117, 164; aperfeiçoar o tipo certo de, 84-8; arte da transformação, 80; dar sequência e finalizar, 87-9; entender e reposicionar tipos existentes de, 81-4

Hajal, Nicky, 88-90

Hallatt, Mike, 144-5

Harper, Steve, 61-3, 72, 82

Howard, Ron, 113

Howard, Shenee, 103-4, 106, 108-10

Howes, Lewis, 257-9

Hoy, Amy, 142

Hsu, Benny, 143, 160-3

Hunter, Sam, 93, 95-7, 109-10

imóveis, 139-40

imperativo econômico, 39

independência, 48, 64

indispensáveis, funcionários, 201-6, 210, 213

informação perfeita, jogos de, 66-7

intangíveis, benefícios, 50-1

intermediários, 136-7

Jay-Z, 113-5, 120, 125

Jobs, Steve, 26, 120

jogo, 59-61

jogo da velha, 66-7, 277-8

Jordan, Michael, 259-60

kanban, método, 248

Kaufman, Josh, 173

Leff, Gary, 135

leilões, 142-3

liberdade, 29, 48, 64, 76-8, 80, 84, 162

LinkedIn, 267

loteria, ganhadores da, 17-8, 23-4

Martin, Steve, 90

May, Angela, 43-50, 82

MBA, 171

medição, 50

medo do fracasso, 65-7, 263

microempresário, 39-40, 53

militar, carreira, 53, 188, 200

missão de cinco anos, 265

missão, objetivos da, 11-2

Motley Fool, 212

multipotencialidade, modelo da, 249-52

multitarefas, 240, 243

Musk, Elon, 241-2

negociação, 86-7, 165

nichos, 25-6, 235, 238, 252

nome do cargo, 184, 273

O'Meara, Rachael, 211, 213

objetivos, 31, 121, 204

opções, falta de, 66

oratória, aptidão para, 85-6

orientação vocacional, 119-20, 126

ouvir ativamente, 98-101

Padgett, Alyssa, 164

Padgett, Heath, 164-5, 169

Palmer, Amanda, 223

Paltrow, Gwyneth, 120

PayPal, 167-8, 170

pedido de emprego, estratégia do, 180-7

Pense e enriqueça (Carnegie), 262

pergunta "O que você faz?", 19-20, 31

pergunta "O que você vai ser quando crescer?", 31-3, 236

perigos, identificação de, 65

Personal MBA, The (Kaufman), 173

Pirate Joe's, 144-5

Planejador de Paixões, 166-7

plano B, 59, 69-70, 271

Pomplamoose, banda, 221, 225-6, 231

pontos fracos, 83
pôquer, 66-7, 87
pré-compromisso, 247
primeiro emprego, 34-5, 43-4
produto de 24 horas, 150-2, 273
profissão guarda-chuva, 11
programa de afiliados, 136-7
projeção de renda, ferramenta de, 148-50
Projeto Cem Pessoas, 103-8, 110
projeto em três níveis, quadro do, 248-9
promoção, 188-9
propriedade compartilhada, 139

rede de proteção, 50, 54, 63, 91, 164, 169, 200
redes sociais, 170, 222, 247, 267; na vida real, 191-2; uso eficaz das, 72
referências, 68, 70
relacionamentos, manter bons, 71, 110, 189-90, 267-8
rentista, comportamento, 202-3
reputação, 141
responsabilidade, 48
resultados, 47, 49
risco, 59-60, 63, 72, 164; avaliação de, 64-6; de rejeição, 68; planos B e, 69-70; seguro de carreira e, 70, 72; tolerância ao, 64
"Road Not Taken, The" (Frost), 21
roteiro prévio, 24-5
Roth, J. D., 247

sabático, período, 211, 213, 242
"se isto, então aquilo", método, 69-70
Seemel, Gwenn, 221
segurança, 50, 70
seriais, carreiristas, 251

serviços sem uso, 153-4
serviços, rede de, 138
Simms, Laura, 117-20, 125
Sivers, Derek, 230-1
Sloan, Robin, 221
solução de problemas, 101; problemas da vida cotidiana, 102-3; problemas específicos, 103; Projeto Cem Pessoas, 103-8, 110
sorte, 24, 72, 114
Square, 170
Squarespace, 170
start-up de 100 dólares, A (Guillebeau), 162
start-up, ambiente de, 46, 48
Stocker, Kelly, 244-6
sucesso, chances de, 64
sustentabilidade, 46, 49
Suster, Mark, 187-8

TaskRabbit, 138
técnicas flexíveis, 85-9, 165, 272
técnicas rígidas, 85, 89-90, 272
telefonema comercial, 68-70, 77, 96
Thiel, Peter, 160n, 167
tomada de decisão, avaliação de risco e, 64-6
Toyota, 248
trabalho, : alternância de, 240-2, 244-6, 248; condições de, 27, 46-51, 53, 125, 273; formas de, 53-5
Trader Joe's, 144
Trinidad, Angelia, 165-7
Twain, Mark, 123

Uber, 136, 138

Van Edwards, Vanessa, 67-70, 72, 275-6

vantagem da primeira jogada, 159
Varela, Shelli Rae, 178, 180, 186, 194, 206
veio de ouro, 11, 143-5
vendas, 134-5, 153
vida, ciclos da, 239
Vlcek, Daniel, 75-8, 80, 89-90, 148
Você s.a., 127, 159-74

Wages, Tera, 101

Wages, Wes, 101-2, 109
Wapnick, Emilie, 249, 251
WordPress, 170-1

xadrez, 66-7

Yelp, 245-6

Zero-a-Um, teste de, 168
Zook, Jason, 227-9, 231

TIPOGRAFIA Arnhem Blond
DIAGRAMAÇÃO acomte
PAPEL Pólen Soft, Suzano Papel e Celulose
IMPRESSÃO RR Donnelley, agosto de 2017

A marca FSC® é a garantia de que a madeira utilizada na fabricação do papel deste livro provém de florestas que foram gerenciadas de maneira ambientalmente correta, socialmente justa e economicamente viável, além de outras fontes de origem controlada.